群星
GREAT
TALENTS

罗澍伟 主编

马三立

马六甲 著

阅读天津
HOW TO READ TIANJIN

天津出版传媒集团
百花文艺出版社

图书在版编目（CIP）数据

马三立：欢笑留人间 / 马六甲著. -- 天津：百花
文艺出版社，2024.1（2024.8 重印）
（阅读天津 / 罗澍伟主编. 群星）
ISBN 978-7-5306-8487-0

Ⅰ.①马… Ⅱ.①马… Ⅲ.①马三立（1914-2003）
-传记 Ⅳ.① K825.78

中国国家版本馆 CIP 数据核字 (2023) 第 233530 号

马三立：欢笑留人间
MA SANLI: HUANXIAO LIU RENJIAN

出　　版　百花文艺出版社
出 版 人　薛印胜
地　　址　天津市和平区西康路 35 号
邮购电话　（022）23332478

策　　划　纪秀荣　汪惠仁　刘　洁
责任编辑　刘　洁
特约编辑　朱茹霞
装帧设计　世纪坐标　明轩文化
美术编辑　丁莘苡　汤　磊

印　　刷　天津鸿景印刷有限公司
经　　销　新华书店
开　　本　787 毫米 ×1092 毫米　1/32
印　　张　5.5
字　　数　78 千字
版次印次　2024 年 1 月第 1 版　2024 年 8 月第 2 次印刷
定　　价　45.00 元

HOW TO READ TIANJIN

GREAT TALENTS

主编的话

罗澍伟

　　天津，群星璀璨，人才辈出，他们用炽热的生命，书写了这座城市的骄傲与自豪。

　　天津是中国北方最早和最大的沿海开放城市，惟其"早"，在中西文明的碰撞中，引领了潮流和时尚；惟其"大"，海河五大支流在此汇聚入海，滋养了这片培育精英的沃土。百余年来，这里涌现了一批打破时空维度，精神属于中国、才华属于世界的大师级人物。

　　"阅读天津"系列口袋书第二辑"群星"，恰似一幅近代天津历史与文化的人物画卷，读者可以从哲学、译学、新闻、实业、科学、文学、艺术等不同视角，品读这座城市，其中包括：

被赞为"中国西学第一者"的维新思想家严复，被誉为"世界第一之博学家"、著述等身的梁启超，"为酬素志育英才"的教育家张伯苓，"二十文章惊海内"的弘一法师李叔同，"化私为公"的实业家、藏书家周叔弢，"学识以强国、仁爱以育后"的化学家杨石先，一代话剧宗师、中国话剧奠基人曹禺，为数学研究鞠躬尽瘁的"整体微分几何之父"陈省身，"荷花淀派"创始人、"有风格的作家"孙犁，"江湖笑面写传奇"的相声表演艺术家马三立。

纵观他们的一生，有家国的高度，有民族的厚度，有地域的广度。他们把巅峰岁月中的生命磨砺之美，无保留地献给了天津。他们为实现中华民族伟大复兴做出奉献，用担当诠释大义。他们活出了自己的精彩，而且能够跨越时代，触动今人的心灵。他们的精神，穿透城市的晨雾与暮霭，有了他们，这座城市才有了完整的生命。

如今，时过境迁，斯人已去，但他们从未隐入历史的烟尘。他们在天津亲历了近现代中国的历史进程，奏响了人生的跌宕音符与精彩华章。他们的生命，早已融入天津的血脉，成为这座历史文化名城百年成长的标志与象征。

他们的人生，也留下了许多值得回味、令人深思的启迪：对一个人来说，重要的不是生命的长度，而是留在他人心目中的高度。

每个人都有灵性，每个人的生命之旅都是一个不断发现的过程，也是不断觉醒的过程。每个人的身上都蕴藏着改变的力量，才华只是激情与灵感的乍现。大凡找到人生意义的，都是英雄。最好的人生态度，就是发自心灵深处、对社会与生命的感悟；在追索人生深度的同时，找到属于自己的位置——既收获了奋斗的历程，又体验了人生的意义。

天津过往有无数"风流人物"，要使珍藏在时光里的历史切片一一再现，几乎是不可能的。"便将万管玲珑笔，难写瞿塘两岸山。"

在新的历史起点上，让我们奋力追赶历史上的"群星"吧！用海阔天空的想象力、迎难而上的践行力，拥抱更高更远的未来，为实现中华民族伟大复兴不懈奋斗！

（主编系著名历史文化学者、天津市社会科学院研究员、天津市文史研究馆馆员）

HOW TO READ TIANJIN GREAT TALENTS

2001年12月8日晚，天津市和平区贵州路上车水马龙。虽是隆冬时节，可指挥交通的民警却头上冒着热气，忙得不亦乐乎。天津市人民体育馆门前人头攒动，人们摩肩接踵，热闹非常。有的人兴高采烈，手举着入场券招呼亲朋好友进场；有的人四下张望，不时挤进熙熙攘攘的人群里问上一句"您有富余票吗"；有的人始终没能搞到入场券，却丝毫没有离开的意思，仍然兴致勃勃地站在体育馆门前的广场上……

"二哥，问了好几个人了，都没有富余票呀。眼看就快开场了，要不咱们走吧。"

"你再等会儿，你着嘛急呀，就算咱进不去剧场看演出，在这儿等会儿也值啊。"

"怎么呢？"

"你傻呀！看看老头真人呀！以后不知道还有没有这机会呢！"

"对对对，走，咱上演员通道那儿等着去……"

就在这时，远远驶来一辆小轿车，当车

1

子在工作人员入场口缓缓停稳后，从车上走下来一位老人，瘦高身材，身穿呢子大衣，头戴一顶鸭舌帽，看上去神采奕奕。他就是今晚这场万众瞩目的告别演出的主角儿——马三立。

现场人们的情绪一下子被点燃了，人群沸腾了，人们纷纷围拢过来向这位人民艺术家表示最诚挚的问候。马三立也频频向他所热爱的观众朋友们招手致意。场内场外，近万人的热切期盼，让这个寒冬之夜暖意融融。一声声深情的问候，是观众对这位艺术家的钟爱。一次次的抱拳拱手，是马三立对观众的感恩答谢。

马三立虽然自此告别了相声舞台，但"马三立"这个名字却永远留在喜爱相声的人尤其是马氏相声的观众朋友们的心里。

关于"马三立"这个名字，马三立本人曾经在相声《写对子》里做过如下诠释：

甲：弟兄十二我行七。

乙：下联儿？

甲：推倒四六二十一。

乙：您这叫什么呀，上下联儿？

甲：这就是我。

乙：怎么讲呢？

甲：子、丑、寅、卯、辰、巳、午，午马。弟兄十二我行七（作者注：十二天干，午马排行第七）。

乙：哦，午马。怎么"推倒四六二十一"呢？

甲：是呀，四六二十四嘛。

乙：啊。

甲：四六二十四，推倒二十一个，还仨立着——马三立。

您瞧，马三立以风趣幽默的对联"讲解"了自己的名字，而这个名字也已经成为天津这座城市一个颇具代表性的人文符号。马三立与天津的关系血浓于水，天津是马三立生活和艺术的根基，在这方热土上，马三立也最终成了"津门相声的魂魄"。

马三立原名马桂福，作为学名，这个名字可谓中规中矩。可要是作为今后与"笑"成天打交道的称号，似乎总有些"隔膜"，倒不如其乳名"三立"朗朗上口，其中又暗合"立德、立功、立言"之"三不朽"，真乃集广告效应和人生理念于一身的好名头。马三立也将"立德、立功、立言"作为自己人生和艺术的座右铭，追求一生，至死不悔。

目录
CONTENTS

01

相声马家

"黄土马家"的由来
"满回"通婚与"清浑"合流
"马大学问"的相声宿命

"黄土马家"的由来

一提起"黄土马家"，很多熟悉马氏相声的朋友，一定会联想到马三立在他的经典相声《开粥厂》里说的"马善人"的家乡。

《开粥厂》里说，"北京以西只要是黄土地就是马家的地"，故此有"黄土马家"之称。这本是个笑谈，然而，很多人不知道，马氏相声家族真的来自黄土高原——甘肃省金昌市永昌县。

寻根溯源，马家到底是什么时候迁入北京的呢？具体年份已无从考证，大概是在清道光年间，马诚方的父亲逃荒到了北京。马诚方是马三立的祖父，是马氏家族第一代曲艺艺人，从事评书表演。而马家人正式说相声，始于马三立的父亲马德禄。马氏相声传承至今已历四代，绵延一百三十余年，可谓中国相声界的"百年老字号"。

马诚方出生在北京。其父名不可考，只知道他以在运河上跑船为生。1860年，也就是清咸丰十年，英法联军入侵北京，咸丰皇帝逃到热河。当时太平天国农民起义军闹得很凶，兵荒马乱，漕运荒废，运河上的粮船烧的烧、沉的沉，其父赖以谋生之路也就断了。马诚方没有可继承的家业，只得开始学艺，从此漂泊江湖。他老家在甘肃，为人颇有些西北人的豪爽。他擅说"水浒"，靠着一部评书《水浒传》，托庇梁山好汉的福气，说评书糊口，后来娶妻生子，安家立业。

评书是一门很古老的表演技艺，唐宋时期就有了评话。据《武林旧事》所记，南宋临安有名的"说话"艺人就有九十六名之多。《桃花扇》传奇里的柳敬亭，也是评书艺人。

清末民初，北京城

　　马诚方说书是在清同光时期，据说，评书艺人也就是从这个朝代开始有了门户师承的家谱，排字起名，辈辈相传。马诚方排"诚"字辈，"诚"字以下还有"杰""伯""坪""岚""豫"，经数辈才传到"存"字辈。天津知名的评书老艺人姜存瑞，就是"存"字辈的。因此，"诚"字这个辈分是很高的了。

　　马家的子孙从艺，就是从马诚方说评书开始的。评书是与相声最为相近的姊妹艺术。评书对相声的影响，尤其是对马氏相声的影响可谓深远。评书的脚本内容以长篇大书为主，所说的内容多为历史朝代更迭及英雄征战和侠义故事，生逢战乱年代的人们对书中的主题和评论最感兴趣，而且侠义之类的故事情节对说书人的叙说技法有很高的要求。从评书的表演形式来看，一个人站在舞台上说，需要对舞台表演驾轻就熟。同时，评书语言的平民化，在所有曲艺种类中，应该是最突出的，面对当时文化水平普遍不高的观众，容易被广泛接受。评书技法为后来马氏相声擅长铺排、重视结构、注重技巧、不惧单口、亲近观众、深入人心等特点，打下了一定的基础。评书贵在"评"字，要有对市井百态、各色人物的观察体认，才能"评"出味道、"评"出精彩，马氏相声具有善于描摹市井小人物、主题深邃隽永等特点，这与祖上从事评书表演有内在联系。这些特点与技法展现交织在一起，成

清代天津民间艺人

为内容与形式完美统一的艺术体系。

马诚方在当时享有一定的名望，因此与诸多知名艺人相与往还，这其中就有他日后的亲家——其长子马德禄的岳父恩绪，以及马德禄的师父春长隆。春长隆和恩绪在相声门中，辈分也不低。清朝，政府把编入八旗的世代充当士兵的人称作旗人，而汉人则把一般满族人统称为旗人。春长隆和恩绪是属于前者还是后者，已难以考证。据相声界的前辈们说，春长隆、恩绪两位都曾经过着燕乐升平的日子，不仅见多识广，而且精通吹拉弹唱，擅于插科打诨，肚子里还有点舞文弄墨的才气。而两人都是家道中落以后才鬻艺京津，靠说相声、评书糊口。恩绪是阿彦涛的徒弟，阿彦涛也是旗人。旗人说的相声，多少有些与众不同。

旗人大多聚居在北京城，他们的生活状态不是"忙"，而是"闲"，很多休闲方式被加上"玩儿"做前缀。完全从生计顾虑中解脱出来的八旗子弟，一部分人凭借天分才华与得天独厚的时间保障，对生活中很多消闲之事细加钻研，从而把"玩儿"的本领和"玩儿"的艺术推向精巧和细腻，他们的个人爱好也在这段衣食无忧的岁月里得到了最大限度的开发和满足。相声这门民间艺术，从平民中来，难免沾染市井习气。而旗人说相声，可以把他们比普通百姓更便捷习得的文化内容赋予相声。于是，相声从所说的内容到表现手法都趋向文雅。这些旗人说相声的同时，也创作出了许多文哏段子，如《打灯谜》《对对子》《朱夫子》《卖五器》《八扇屏》

《窝头论》等，内容幽默文雅，取笑而不庸俗，使相声在一定程度上摆脱了粗俗习气。以阿彦涛、春长隆、恩绪为代表的旗人子弟，由"玩儿票"到"下海"，为相声带来新的风气，这些人所说的相声，也被称为"清门相声"。

爱新觉罗·载湉登基当皇帝以后，定年号为"光绪"，因此"绪"字只能御用。为避皇帝圣讳，恩绪自此更名为恩培。相声界后来人们提到的老前辈恩培，其实就是恩绪。

　　马氏相声的第一代创始人，是马诚方的长子马德禄（原名马恩禄）。马德禄师承春长隆（人称"一撮毛——春子"），是春长隆开山门收的大徒弟。马德禄的师爷就是相声界所公认的祖师爷朱少文（艺名"穷不怕"）。不过，马德禄不只向春长隆一人学艺，他还有一个更重要的师父，也就是后来他的岳父——恩绪。

　　恩绪艺名"大恩子"，他的艺术造诣颇高，不仅是名噪一时的相声艺人，还是早期的相声教育家，后来的"相声八德"中，包括"万人迷"李德钖在内的四人都是恩绪培养出来的。马德禄虽然不算是恩绪的入室弟子，但他从小跟随恩绪学艺、演出，后来更是成了恩绪的乘龙快婿，可以说马氏相声追根溯源，也源于恩绪。

　　相声界有关恩绪的传说故事很多，比如，太平歌词演出形式的确立，就与恩绪有关。相传恩绪擅长唱太平歌词，演唱时手里敲打两块长二寸半、宽一寸半的竹板儿击节，运用手指、手腕的技巧，敲打变化出轻、重、颤、抖、点、擦、脆等悦耳的声音。他手里的这副竹板儿，被演员们称为"玉子"，它的得名有一段掌故。

　　有一次恩绪被召进宫为慈禧太后演出，在演唱太平歌词《饽饽阵》时，他单腿跪地，一只手比画，另一只手拍打大腿外侧找节奏。慈禧觉得这样太不雅观，命太监李莲英按二拇指长、大拇指宽的尺寸，到御花园锯两块竹板来。恩绪试着敲打了几下很是顺手，请太后为这副"乐器"赏个名字，李莲英立刻谄媚道："这是老佛爷御赐之宝，御赐，这就叫御赐。"后来，这种唱太平歌词时使用的竹板在相声艺人中广为流传，竹板之名"御赐"后被叫成了它的谐音"玉子"。时至今日，相声演员依然这么叫。但艺人们清楚地知道，慈禧仅仅是把他们当作供自己消遣解闷的"玩意儿"，这个"御赐"无论如何也不能改变他们在旧社会里低人一等的"下九流"的身份。

恩绪师承阿彦涛。阿彦涛出生于一个家境殷实的满族旗人家庭，他早年是个戏曲票友，会唱多种戏曲，常在北京的天桥看朱少文表演。时间久了，两人交情甚笃，阿彦涛经常给朱少文联系堂会，朱少文也多了许多在大宅门里演出的机会。到了清同光时期，旗人的生活状况已经开始走下坡路，吃皇粮享特权的黄金时代逐渐远去。话剧《茶馆》里有位"松二爷"，他的处境就是那时旗人人生轨迹的一个代表。阿彦涛也没能幸免，家道中落以后，他决定"下海"从艺，养家糊口。阿彦涛大概比朱少文小二十来岁，从年龄上讲，可以直接拜朱少文为师。但朱少文考虑到阿彦涛的家境出身以及他们之间多年的朋友交情，所以决定收他为自己的师弟（即代师收徒授艺），阿彦涛从此正式成为相声艺人。阿彦涛创作了很多脍炙人口的相声段子，如《虚子论》，广受当时八旗子弟的喜爱。恩绪原来和师父阿彦涛一起搭档，阿彦涛去世以后，恩绪就带着马德禄演出，经常为马德禄捧哏，对这位后辈喜爱有加。

马德禄就是在这样的有序传承中，积累和掌握了大量的相声段子，被誉为"相声公司"，这也为马三立最终确立独树一帜的马氏相声艺术风格提供了"武库"。

"满回"通婚 "清浑"合流

马氏相声传承有序、海纳百川，集各家所长又独具风格。其中，以恩绪为代表的"清门相声"就是这百川之水中的重要一流。恩绪是相声初兴时期的代表人物之一，更是"清门相声"的重要代表人物之一。在相声这门艺术的发展过程中，"清门相声"的历史地位不可忽视。关于"清门相声"这个词，其由来有三种说法。

其一，所谓"清门相声"是指其从业的

门人弟子多数是满洲八旗子弟，这些人因为有着特殊的身份，拿着朝廷发放的"敕封钱粮"，每人都由固定的"铁杆庄稼"供养。这些人是清朝的忠实臣民或者遗老遗少，他们以"清"字自诩。其二，也有人认为，"清门相声"的早期从业者是不以此门技艺谋生的，他们多数游走在各大宅门的喜寿堂会之间，但是不拿演出报酬，最多领受一餐酒饭，凭请帖请来，演出时将请帖压在茶海下面。演员时常在台上讲："我们是红白帖请的，不是花红轿娶的。"意思是对我们要尊重，不能小看。因此这些人保持了一部分旗人子弟特有的骄傲和优越感。所谓的"耗财买脸不要钱"，故而自谓"清门相声"，有着些许"两袖清风"的意味。其三，从内容上看，"清门相声"的段子多数词句文雅、结构严谨，偏好文字游戏类的内容，其文学性、艺术性相较于早期相声的另一门类——"浑门相声"均略高一筹。以上三种说法应该是三位一体、相辅相成的。

对于相声艺术，"清门相声"最大的贡献，是提升了相声的文学性。"清门相声"的许多代表作都具有浓郁的文学色彩，其内容也是上层社会生活的写照。《八猫图》中的八种名猫绝非平民百姓所能赏玩的，《暗八扇》中历数的阿房宫、铜雀台、大观园也不是平民阶层所熟知的处所。然而在清末民初的特殊社会环境下，这些事物就这么被娱乐化地注入相声之中。"旧时王谢堂前燕，飞入寻常百姓家"，这也是当时高居庙堂之上的知识分子、文化精英的艺术爱好被平民化的过程。与此同时，精英阶层的生活内容也被填充到相声之中，扩大了相声的题材和受众面，这不仅有助于演员增加收入、提高品位，更让相声这门艺术焕发出勃勃生机。

相对于"清门相声"而言，"浑门相声"的说法很少被人提及。这并非因为"浑门相声"流传不广，抑或分量不重。相反，"浑门相声"在传承人数、节目数量、流传范围、观众接受程度上，都占据着绝对的优势。人们习惯上所认知的相声，其实很大程度上指的就是"浑门相声"。所谓"浑门相声"，意为在内容上以插科打诨为主、题材比较生活化、源于世俗的相声。早期的"浑门相声"相对于"清门相声"而言，从业者多为汉族或其他非满族人士。"浑门相声"

的鼻祖是"穷不怕"朱少文，他亦是相声的开山鼻祖。朱少文是对口相声的创始人，在他的努力之下，相声才真正形成了自己独特的艺术风格，与评书或者戏曲中丑角的幽默表演形成鲜明的区别。他创作的《字像》就是早期对口相声中颇具代表性的作品。而后来的一些相声段子，诸如《八大吉祥》《双字意》等都借鉴了这种创作手法。而这种源自民间艺术形式的社会性觉醒，也确定了相声讽刺艺术的基本格调。

相声《字像》是通过"一字、一像、一升、一降"的猜字游戏方式（即写出一个字，然后说出它像一件什么物品、做过什么官职、为什么罢官），尖锐地讽刺了当时的贪官污吏。

那时候，相声艺人大多来自社会底层，体味着辛酸的生活，他们从生活中采撷笑料，经过归纳整理，用师父口传心授或者自己攥弄的方式进行艺术加工，最终呈现在舞台上。相声在创立伊始就打上了深深的平民烙印，为最广大的群众服务，是货真价实的"草根艺术"。就是这个烙印，让相声在一百多年间，迅速发展成北方最大的曲艺门类之一，受众群体日益壮大。时至今日，虽然"浑门相声"这个词汇已经很少被人提起，但是其代表的"接地气"的艺术追求仍然鲜亮如新，时刻提醒着相声后辈"扎根生活"的重要性。

在清朝的中前期，无论是朝堂还是民间，都鲜有"满汉"通婚的事例。之所以这样，除了要保证旗人血统纯正，或许还多多少少有着保护满族人文化、维护旗人特权的民族隔离意识。当时社会上这种满汉地位悬殊的状况，不仅仅体现在婚俗上，在艺术上亦是如此。但到了清朝后期，在半殖民地半封建社会中，满族人不再高高在上，而是与汉族人一样对前途命运充满了迷茫和忧虑。同病相怜的处境、西方外来思潮的刺激，让"满汉"融合在内外交困的时局下悄悄进行，成了当时人们生活的主基调。大众情绪焦躁、社会心理紧张，使文化艺术、娱乐休闲在市民阶层中形成了畸形的繁荣。在内忧外患的清同光时期，新兴了多个艺术门类，涌现了多位艺术大师，形成了特殊的文艺圈层。既然朝堂之上都提倡满

民国时期，启明茶社相声大会

汉通婚了，那么旗人子弟"下海"从艺，或者与其他民族的艺人交流技艺，即便是在最古板保守的人看来，也不是不可接受的了。

相声的"清浑"合流就这么自然而然地发生了，没有什么明显的历史分界点，没有哪位至关重要的推手人物。"清门"子弟生活水平陡然下降，只得主动接近底层，体味到人情冷暖、世态炎凉，从而磨砺了"清门相声"关注生活、敢于讽刺的社会功能，"清门相声"也因之产生了更为自觉的文学意识。那么"清门相声"表演的内容，就不能是一成不变的纯炫技式的文字游戏，或者文学性强、娱乐性弱的段子。面对身处社会底层的普通观众，"清门相声"演员必须主动向"浑门相声"演员学习那些世俗的、生活化的段子，更贴近生活的幽默元素被填充进了"清门相声"之中。可以说，"清浑"合流的过程是一个互学互鉴、取长补短的过程，客观上完成了对相声的"催熟"。过雅，则曲高和寡；过俗，则油腔滑调。"清浑"合流不仅是历史的选择，而且符合艺术规律。雅俗共赏、谑而不虐、针砭时弊成为相声的基因，传承至今。

综观整个相声界，恐怕寻不到一个比马德禄更能体现"清浑"合流显著特征的演员了。这主要还是得益于马德禄的"满回"通婚。作为回族人的马德禄，娶了一位满族女子，即恩绪之女恩萃卿。恩绪的艺名叫"大恩子"，而马德禄的艺名叫"小恩子"，不难看出这位小婿与岳父大人在相声上的一脉相承。

马德禄幼时即拜春长隆为师，而春长隆是朱少文的大弟子。据传，春长隆的相声艺术颇为精湛，在清末的相声演员中独树一帜，"一撮毛——春子"是行内公认的人物字号。在生活中，春长隆性情孤僻，因为是旗人出身，他难免自持身价，偏偏又做了当时社会地位很低的行当，造成了其自闭孤僻的性格。除了少数几个旗人相声艺人以及老友马诚方，与春长隆交往的人很少。原本春长隆以作艺为耻，并不打算开山门收徒弟，不承想马诚方提出了让其长子马德禄拜在春长隆门下的要求，碍于老友的面子，春长隆收了马德禄为徒。马德禄是春长隆一生中唯一的徒弟。在春长隆的悉心教导下，马德禄打下了坚实的相声基础。

马德禄艺满出师之后，又跟随恩绪在北京天桥、鼓楼一带鬻艺为生，从他的角度来看，这位未来的岳父同时还肩负着师父的角色。从传承谱系上讲，马德禄随师父春长隆学习到了师爷朱少文的"浑门活"，而岳父恩绪传授的"清门活"，让他的表演看起来又多了几分儒雅之气。在恩绪的倾囊相授之下，几年下来，马德禄艺业精进，能捧能逗，难度较大的单口、对口、群口相声他都拿得起来，贯口活、子母活、倒口活、柳活他都能使。此后，深得"清门""浑门""评书"

三家教诲的马德禄，以细腻、严谨、幽默、广博的艺术风格，在同行中树立了极高的威望，成为"相声八德"之一。

这时期，马德禄的艺名又发生了变化，时人称其为"相声公司"，形容其所学之丰。再后来，他的一身本领成了哺育他儿子——"相声泰斗"马三立艺术生命的"初乳"。冥冥之中，马德禄的"满回"通婚，让"清门"与"浑门"相声达成历史交汇，他将"清门"与"浑门"相声以及其他姊妹艺术的表演技巧熔于一炉，为日后马三立将马氏相声推向艺术高峰，奠定了坚实的基础。

"相声八德"是指 20 世纪 30 年代初活跃于京津一带的八位杰出的相声艺人，他们是相声初兴时期的代表人物，分别是马德禄、裕德隆、李德钖、焦德海、周德山、李德祥、张德泉、刘德智，他们为早期相声艺术的确立和传习做出了诸多贡献。

清末，北京天桥

"马大学问"的相声宿命

1914 年农历八月初六，马德禄的第三个儿子马三立（原名马桂福）于北京出生。1917 年，三岁的马三立跟随父母全家迁居天津。马三立的母亲恩萃卿是恩绪的女儿，早年学唱京韵大鼓，为生活所迫曾随父撂地卖艺。嫁给马德禄之后，她便不再从事曲艺表演，一心相夫教子，共育有三子。在生下马三立之后，她变得体弱多病，一直缠绵于病榻，迁居天津后不久即病逝。马德禄变卖了她生前的衣物，又卖掉了家中仅有的几件家具，这才凑够了料理丧事的钱。至此，马三立失去了母亲，同时也失去了家。母亲的去世，也成为马三立多舛命运的序曲。父亲带着马桂元住到书场后台，马三立则被寄养到了叔父家。这一寄养，就是三年。三年之间，马三立与父亲极少见面。

三年后，马三立六岁多，有一天，父亲来接他回家。此时的父亲一改往昔的穷苦模样，衣着光鲜，面皮滋润，原来这时马德禄

已经有了些名气，生活水平大为提高。马三
立回家了，但这个家不再是以前那个熟悉又
温暖的家，每一位家庭成员都发生了不小的
变化。马桂元不再读书，也已登台演出，而
家中的女主人换成了一个陌生的女人。这个
陌生的女人即马三立的后母丁氏，她整日游
手好闲，好吃懒做，糖果零食不离嘴，还嗜
好打麻将、斗十胡等，即便父亲和兄长整日
辛苦挣钱，也填不满丁氏的"无底洞"。

　　马三立七岁那年上小学，从初小到高小，

20 世纪 20 年代初，马家子女合影，从右至左依次为：马桂元、马桂林、马桂福（马三立）、马桂英

接着考入天津汇文中学，是汇文中学第二十一期的学生。马三立是个品学兼优的好学生，专心用功，老实听话。他喜欢读书，直至晚年，仍然坚持每天读书看报。在老一辈相声艺人中，马三立真可以称得上"马大学问"。相声大师张寿臣见多识广，知识渊博，业内外皆以"秀才"称之，但每逢人们这样称呼他时，他总是笑着摆手说："可不敢当，我不过是记问之学。要说我是秀才，依我看，现在马三立是状元。"由此可见，论文化修养和学识，马三立在当时的相声艺人中属于佼佼者。

1920年前后，马德禄开始为"万人迷"李德钖捧哏。李德钖是当时名气最大、最受观众欢迎的相声明星之一。与李德钖合作之后，马德禄有了更多到深宅大院和大台口演出的机会，收入也增加了许多。马德禄与李德钖同为"相声八德"成员，李德钖又是马德禄岳父恩绪的得意门生，两人本来就有着亲近关系。马德禄与李德钖也成了当时最具艺术功力和票房号召力的黄金组合之一。马德禄博闻强记，掌握的段子多，李德钖对其

"万人迷"李德钖

格外倚重。在合作表演的同时，他们还一起搞创作，群口相声名段《大审案》（又名《大审诓供》）就是由他们创编并由马德禄、李德钖、周德山（艺名"周蛤蟆"）三个人首演的。

马德禄长子马桂元曾在天津东马路甲种商业学校上学，毕业之后就拜在了李德钖的门下学相声，成为李德钖的大徒弟。李德钖收马桂元为徒，不仅是因为自己和马德禄交情匪浅，更是因为他看中了马桂元的艺术天赋。马桂元家学渊源深厚，在跟随"万人迷"学艺之后，相声表演的功力更上一层楼。马桂元继承了其父方正严谨的性格，在艺术上一丝不苟，年纪轻轻就在京津两地崭露头角，很快就在相声圈站稳了脚跟。马桂元以"活路"宽绰、功底扎实、擅演"文哏"，为同行和观众所认可。当时，有马桂元"无不通晓"的说法。

然而好景不长，"万人迷"李德钖因沾染了赌博、抽鸦片的恶习，致使身体虚弱，在1926年去东北演出时，倒毙在沈阳旧城东关外的一处水沟里，终年不足四十岁。一代相声大师就此陨落。李德钖辞世之后，马德禄没有了搭档，随即被燕乐升平茶园辞退，马家又陷入困顿之中。似乎是命运使然，若干年后，马桂元也步其师后尘，染上了鸦片瘾，三十多岁便溘然而逝。一对天才师徒都是英年早逝，且皆死于鸦片，也可以说是皆死于当时黑暗的社会。大到一门艺术的兴衰，小到一个艺人的成败，其实都是一个时代的缩影。

马德禄被园子辞退以后，与周德山搭档，又开始撂地演出。上园子拿的是包银，丰厚且稳定；而撂地演出收入锐减，往往还要靠天吃饭，"刮风减半，下雨全无"。马德禄终日郁郁寡欢，又添上了喝大酒的毛病，时常与丁氏吵架。家中光景不好，原本想走"学而优则仕"这条道路的马三立，渐渐放弃了继续读书的念头，开始了边上学边跟着父兄学艺的生活。当时，在世人眼里，说相声的是"下九流"。马德禄原本一心想供两个儿子读书，识文断字，将来谋个好事由，长大以后不再吃这碗见人矮三分的"开口饭"，想为马家改换门庭。然而，生活的窘迫彻底阻断了马三立的求学之路。他从汇文中学毕业后，没有熬到上高中就被迫放弃学业，无奈地接受了命运的安排，彻底走上了相声表演的道路。

那年头，卖艺的规矩很多，要想说相声挣碗饭吃，必须磕头拜师，有了师承才算正式的相声艺人。不然的话，哪怕你一家子几辈人都说相声，也不许你干这行。因此，马三立拜在周德山门下，成为周德山的大徒弟。在跟随周德山学艺期间，马三立与所有的学徒一样，都要给师父家干活儿，并且要帮师父"上地挣钱"。因为马三立有文化，所以白沙撒字、双钩字很快就成了他帮师父"圆粘儿"的手段。在随师父学艺的过程中，马三立开阔了眼界，逐渐积累了演出经验，相声水平日渐提升。他的成长得益于师父，也得益于父亲和兄长，但更多的是因为他的勤勉好学和聪明颖悟。

"圆粘儿"是相声术语，指招徕观众。它是旧社会相声艺人撂地演出必须掌握的基本技能，通常使用白沙撒字、唱太平歌词、唱歌、唱戏等方法把观众聚集起来，然后再进行相声表演。

20 世纪 50 年代初，马三立与师父周德山及其徒子徒孙们的合影，被相声
界称为"相声四辈儿"

　　随着相声水平不断提升，马三立在外边也有了点名气，
有些观众开始专程来听他的相声，少年心性的马三立难免有
些飘飘然。有一次撂地演出，师父对马三立说："今儿我给
你捧一个。"马三立欣然应允，和师父一起登台表演。台下
的观众见到这对师徒组合也是愈加兴奋。马三立使了个简单
的垫话，打算说一段《六口人》，但是当他马上要入正活，
问出那句"您家几口人"的时候，师父的回答让他着实摸不
着头脑。①

　　周德山说："我？光棍儿，一个人。"

　　马三立一听，师父没给入正活的"肩膀"，便只好从光

————————————

　　①　相声作为一门语言艺术，其演出具有极强的灵活性，不同演出的台
词可能略有不同。本书所引相声台词皆经过本书作者马六甲先生校正，
后文不再单独注释。

棍儿吃饭不方便说开去，打算使个《报菜名》，在问出入正活之前的那句"您吃了吗？"之后，师父又没给"肩膀"。

周德山说："吃了，正饱着呢。"

马三立不甘心，又说："您对我有恩，我哪天请您吃饭。"本以为师父能会意，没想到，师父仍然不让入活。

周德山说："我这个人从来不吃请，甭请。"

此时马三立已经是一身的冷汗了，他勉强稳住心神，又聊起了住宅。师父也明白了，他这是要使《夸住宅》。

马三立问："您在哪儿住？"

周德山心想，这话问得有学问，只要我回答了住哪儿，门牌地址、庵观寺院、旅馆浴池，他都能入活《夸住宅》。但姜还是老的辣。

周德山说："我住在树上。"

马三立说："树上？您是鸟啊！"

周德山说："不是鸟，可在树上住着舒坦，明白吧？我们家的房谁也甭问，告诉你，我最腻歪别人对我们家的房子评头论足啦。"

此时此刻，常听相声的老听众明白了，这是周爷在训徒呢："你不是翘尾巴吗？我让你知道知道厉害。"马三立这时也明白了，师父这是成心难为他，索性在台上改使单口了。最终，虽然他完成了演出，但是又累又急，弄了个大汗淋漓。这是马三立舞台生涯中少有的一次尴尬经历。他深谙师父的良苦用心，师父是怕他稳不住，目中无人，最终限制了自己的发展。自那以后，马三立收敛了自得的心性，终生都在不断地学习，从未敢有一刻的自满和懈怠，并且将谦虚稳重作为门风，以此要求自己的徒弟和子侄们。

周德山是高明的，他深知马三立有家学渊源，在相声基本功和表演技巧上有其父兄教导，自己不必花费过多精力。但他看准问题所在，一次出手，以"身教"的方式解决了弟子身上最可能影响其发展的问题，这才是严师出高徒。这一次当众出糗，让马三立真正放低了身段，清醒了头脑。就像锻造宝剑时最关键的那一道工序——淬火一样，周德山恰到好处地为马三立刚刚开始发热的头脑降了降温。不难看出，周德山是一位善于教育徒弟的老师。不知是否受此影响，后来马三立在演出前，一般都要准备至少三个段子，以备出现意外情况。自此之后，马三立在演出中几乎没有出现过闪失，打造出相声界的一块金字招牌，这源自他对相声艺术的认真谨慎和对舞台的敬畏之心。

旧社会的艺人并不想屈从于命运的残酷安排，他们中不乏像马氏父子这样勇于向命运宣战的人。但是，社会环境不发生改变，艺人想改变自己的门庭和社会地位，终会如镜花水月般归于幻影。这也许就是马三立的相声宿命吧。

民国时期，天津茶馆书场

02

艺海飘萍

一声叹息："我生下来就是个苦命人"

"马善人"的忍与韧

最早的相声改革家

一声叹息："我生下来就是个苦命人"

九河下梢的天津卫，是北方的大商埠，也是曲艺的大码头，各地曲艺艺人纷纷来天津"镀金"。对于这一点，身处天津的马家人倍感压力，他们深知基本功扎实对于一个相声艺人有所成就的重要性。拥有过硬的基本功，对于生在相声世家的马三立来说，似乎并不难，但是成功从来就没有捷径，系统性的相声训练还是要付出汗水和泪水的。父兄要求马三立，无论说什么段子，单口也好，对口也好，小笑话也好，都必须词准、气口准、尺寸准、节奏准。甚至每一句台词为什么要用这样的语气，为什么要有这个动作，都要反复揣摩理解。

师父周德山是天生的乐天派，待人和善，从来没有钻牛角尖的事，对徒弟亦是如此。他从不动手打人，谁学活背不下来词或者说错了台词，他不仅不生气，兴许还坐在一旁满脸堆笑。可能也是因为他天性爱笑，时常大嘴一咧哈哈大笑，且身材矮小，脖子短，

清末民初，天津街景

Chinesisches Zollamt

形似蛤蟆，故而得了一个"周蛤蟆"的艺名。当然，他这样的性格很受徒弟们欢迎。在师父跟前，马三立心情放松，偶尔还调皮一下，师父不仅不责怪，反而觉得这孩子睿智，也有幽默细胞。

有一次，一位相声演员从外地来天津演出，顺道去周蛤蟆家拜望师爷。周蛤蟆非常热情，与这位同行晚辈相谈甚欢，马三立在一旁见状，灵机一动，突然站起来对周蛤蟆说："师父，您先聊着，我去买面条，一会儿回来我再给您磕头。"周蛤蟆何等聪明，稍一打愣儿，随即哈哈大笑，嘴里念叨着："好小子，不忙，不忙。"来客听得一头雾水，连忙问："怎么又要磕头，又要买面条的，今天是不是周师爷的生日？"马三立一本正经地点了点头。来客慌忙说："哟！我来得匆忙，也没给师爷预备寿礼。这样，您都别动，我去买。"来客说完便起身跑了出去。一会儿的工夫，来客乐乐呵呵地拎回来了面条，还有一瓶白酒和一只烧鸡、一包酱牛肉等下酒菜。马三立把菜摆上，给周蛤蟆斟了杯酒。来客说："敬酒之前，我先给周爷爷磕一个响的。"说罢，来客就要下跪。马三立赶忙拦下，这时候周蛤蟆坐在炕上已经乐不可支。来客更是云里雾里，不明白磕头行礼有什么可笑的。马三立解释道："周爷好客，每逢有客自远方来，您就如同过生日一样开心。"这时，来客才恍然大悟，原来今天并非周蛤蟆生日，这师徒两人在演双簧呢，演得如此逼真，来客也被逗笑了。此后，每逢有外地晚辈同行造访，马三立都如法炮制，借此为师父改善生活，而且屡试不爽。不过，也有露馅儿的时候。有一次，马三立刚说道："师父，我先给您磕一个。"来客便说："您先等会儿吧，上次我来时就说是周爷生日，这俩日子可不一样啊！"马三立也乐了："嗨！瞧我这记性，你来过一次了，哈哈哈……"

但是，兄长马桂元就截然不同了。他艺术水平高，脾气也大，责己严，责人更严，同行里有不少人惧他三分。马桂元在艺术上始终一丝不苟地继承传统，可以说是一位传统相声的卫道士，相声圈里公认他的活规矩、严谨、地道，他对自己向来要求严格，对弟弟马三立更是严上加严，尤其在为其授业时，严苛至极，从来不留情面。周蛤蟆教过的段子，马三立回家后都要给他背述一遍，他听着听着就拧起了眉毛："不行，这地方不通，得改！"他有文化，又肯动脑筋，一改动就比原来高上一筹。在这一点上马三立心服口服。可要是念不顺当或者背不下来，马桂元动辄抬手便是一巴掌，打得马三立一个趔趄，但赶忙站直身子不敢喊疼，眼泪汪汪的，还得接着念。教学状态的马桂元，犹如"凶神"附体，和生活中那个对弟弟呵护有加的兄长简直判若两人。说错了挨打，说对了有时也挨打，是为了"让你记得更瓷实"。京剧有个说法叫"打戏"，说的就是学戏就得挨打，这也是旧社会很多艺人成功的必经之路。因为肉体上的痛苦更能让活泼调皮的少年们产生精神上的敬畏。其实，马桂元内心是非常疼爱马三立的，他想，既然马三立已经步自己的后尘辍学从艺，那么就必须在艺人当中拔得头筹。似乎命运的遗憾也化成了巴掌，无时无刻不在逼迫着马三立前行。正是这种严苛的传统训练模式，为马三立打下了强大而坚实的相声基本功。

后来马三立年过半百，已经成为全国相声界声名赫赫的相声名家了。一年夏天，他和赵佩茹在南市聚华书场说《洋药方》。在马三立用手给赵佩茹的手腕"按脉"时，赵佩茹不禁打了一个激灵，嘴里还嘟囔出声儿来："嚯，五棵冰棍儿呀……"

这是段子里没有的台词。

马三立几乎没有任何异常，依然一本正经地摸脉。节目接着演下去，观众正听到兴头上，没发现瞬间发生的小插曲。

回到后台，赵佩茹绷不住了，一边擦着满头大汗，一边追着问："怎么了，病啦？大热的天，你的手冰凉！"

马三立不声不响地摇了摇头，脱下长衫，在一条板凳上坐下，长长地吁出一口气，才说："你不知道，一说这段活，

20世纪60年代初，马三立与赵佩茹演出照

我就像发疟子似的，手脚冰凉。"

"怎么呢？"

"当初学艺，这里边的几段贯口我怎么也弄不顺当。为此没少吃苦，挨的打最多，我都怵了，怕了，后来落下个病根儿，一说这段就紧张得要命，浑身发冷，几十年了，总这样……"

由此，足见当初马桂元对马三立教学之"严酷"。说相声看似门槛很低，往那儿一站有嘴就能说，其实进门容易修行难。不经过苦行僧般的修炼，是难以升堂入室进入艺术殿堂的。

在学艺的那些日子里，年轻的马三立整天吃不下饭、睡不着觉，在这种高标准、棍棒式的受教过程中，他甚至曾经动过放弃的念头。有一天，马三立无精打采地走在从相声场子回家的路上，没留神，险些一头撞到路旁的电线杆子上。难道连木头桩子也和自己过不去？他刚要发火，可抬头一看，他的目光顿时被紧紧地吸引住了。那是一张招考警察的告示，上面规定的年龄、文化、身高等条件，自己全都符合。他一连看了好几遍，直到对上面的内容确认无疑。他喜上心头，真是天无绝人之路，干吗非吃说相声这碗饭，发托卖相的还赚不到钱，学艺过程如此苦不堪言，干脆不干了，当警察去！到时候警服这么一穿，再也不受气了。这个念头太美好也太诱人了。想想自己穿上警服回家，突然出现在兄长面前的情景，马三立心里乐开了花，嘴里不知不觉地哼唱起了太平歌词："劝众位，得容人处且容人……"

于是，他偷偷跑去警察局报考，因为本身就是正规的中学毕业生，笔试文化轻松过关，开局顺利。接下来便是面试、体检。两个老警察坐在办公桌后面，其中一个胖子手里拿着一套煎饼馃子，正狼吞虎咽地吃着，顾不上说话。另一个瘦子留着小分头，拿起表格，上下打量了马三立一番，歪着脑袋问道："你怎么那么瘦，身子骨行吗？有毛病没有？"

"没有，上学时连病假都没请过。"马三立斩钉截铁地回答。

"真的假的？"小分头似乎并不相信，摇晃着脑袋拿起皮尺走了过来。量量身高，个头儿倒是可以。再量量胸围怎么样，俩手掐着皮尺，往马三立胸脯上一比画，当中间就打弯儿了："好嘛，你这整个儿一麻秆儿啊！"

大胖子吃完了，晃晃悠悠也过来了，用两个手指捏起了马三立的手腕："瞧瞧，皮包骨头，你这小细胳膊还没我大脚豆粗呢。"

马三立被他拎得直摇晃，还一个劲儿辩解："我没病，真的，我体格好极了，就是……"

"就是嘛……"小分头不耐烦地说，"就你这身子骨还想当警察，别说抓贼了，一阵风就能给你吹个跟头！"

马三立一看应聘要黄，赶紧作揖说："两位老总，求求您了，收下我吧！别看我瘦，一点儿毛病也没有，不信您先考察我一段，我嘛都能干，您就收下我吧！"

"行了行了！你别这儿捣乱了，走走走，该干吗干吗去吧！"小分头冷冷地打断了他。

就这样，马三立没能当上警察，他耷拉着脑袋失望地走出了警察局。刚刚看到的一点儿希望，瞬间灰飞烟灭，唯一能够解脱的路随即也断了，自己的命真苦啊！然而，正是这次经历让他的心态发生了根本性的变化。既然没有别的路可走，自己天生就是受罪的命，那就豁出去了，摒弃一切杂念，死心塌地学相声，天生我材必有用，好好说相声吧！

从那以后，他发狠地学活、练活，为了练嘴皮子，掌握好气口、尺寸，别人练三遍，他练十遍、二十遍，一段绕口令非弄得张口就来滚瓜烂熟不可。嗓音不如别人，学唱的"柳活"腔准味儿正，以神似取胜；"贯口活"更是下大功夫，抑扬顿挫背诵如流技超同行。背地里他还学兄长念古诗、古文，《醉翁亭记》《滕王阁序》《铜雀台赋》等名篇出口成章，他发挥自己上过学的优势，把父兄擅长的文哏段子《开粥厂》《文章会》《卖五器》《八扇屏》等全拿下来，越是"素包袱""皮儿厚"、难记、文辞绕嘴的段子越要下功夫。马桂元常讲"学、练、看、演、变"五个字，他悄悄在后面加上一个"精"字。马三立对自己的相声业务，有一句"四不可"箴言：非学不可，非会不可，非好不可，非精不可。

"马善人"的忍与韧

转眼间，马三立到了娶妻成家的年龄。在那个年代，对于以说相声为生的穷苦艺人来说，如遇婚丧嫁娶，经济上的压力是很大的。为给马三立娶妻，父亲马德禄借了一笔高利贷。1934年，二十岁的马三立与十七岁的甄惠敏在天津结婚。为了早日还清债款，马三立每天早出晚归赶场卖艺，经常一天要说十几段相声，生意好时可以挣到一块钱左右。为了多赚点钱，马德禄与周德山搭伙儿到外地去跑码头，在外省吃俭用，按月给家里寄钱。父子俩的钱都由丁氏掌管，怎料原本打算做还账之用的钱款却被丁氏挥霍一空。马德禄在外苦干一年，回到家，发现非但债款没有还清，反而家不像家，便连气带累一病不起。马三立到处请医求药，一服药值两袋白面钱，也东讨西借地抓来。然而，父亲的病仍无起色，最终医治无效。1935 年，马德禄撒手人寰，结束了坎坷劳碌的一生。他的去世，为马三立留下的不仅仅是悲伤，还有一个更为支离破碎的家。在那些动荡的岁月里，艺人们的生活负担和心理负担极为沉重。或许是迫于生活的压力，又或许是抵御不了鸦片的诱惑，马桂元在刚刚崭露一点儿头角、口袋里刚有了一点儿钱时，便染上了吸食鸦片的恶习，从此不再往家中交钱。马三立结婚时借的旧债与料理父亲后事拉的新债，全都落在了马三立那日渐单薄的肩膀上，压得他几乎喘不过气来。

1947 年，马三立与长子马志明、次子马甄合影

由于当时马三立还没有名气，只能以撂地说相声为主。所谓"撂地"就是在市场或广场占一块地方卖艺"打钱"，这块地方要交地皮钱，张三花了地皮钱，李四就不能来占用。南市"三不管"地区鱼龙混杂，社会秩序混乱，地痞流氓横行霸道，那时的相声艺人饱受恶霸压榨。师父周德山告诫过马三立一句话："三立，咱们走江湖的人，心字头上一把刀——忍！"是啊，不忍又能怎么样呢？只能忍中求生。

为了多挣几个钱，马三立只有豁出命去说。上午说，下午说，晚上说，再赶着落灯之前到侯家后、同庆后的娱乐场所里面去说，说一段能赚两毛钱。有一次，马三立与朱阔泉搭伴到娱乐场所去说相声。晚上十一点多钟，天寒地冻，他们身上冷，肚子饿，走在路上都不敢往吃食摊上看。他们夹着长衫跑了好几处都吃了闭门羹，在一个热心肠女人的帮助下，好不容易才有了一单生意，客人勉强同意听他们说了段《八扇屏》，可是最后只扔给他们一毛钱，就把二人打发走了。两人不敢惹事，只好默默地出了门。走到巷子口，有个推车卖小吃的，什么烧饼、馃子、蜜麻花、煎饼馃子等，不仅卖，而且还带有奖抽签的。两人一商量，得了，就当刚才没有这单生意，用这一毛钱抽签试试手气。竹筒里有三十一根签，上面是骨牌点。一次抽三根签，三根的牌点加在一块儿超过十三点算赢，可任选六样食品；不足十三点就算输，一样不给。朱阔泉让马三立抽，抽出来一瞧，嚯！不得了，是上上签！不仅赢了，而且要翻好几番的，算下来，把整个推车上卖的食物全吃光也不够！小贩当时就傻眼了，从开始这个营生起，还从来没有人抽到过那么大的签，这回可要倾家荡产了。马三立和朱阔泉本来就肚子里没食，这下可以饱餐一顿了，心中大喜。朱阔泉上去就抓了一套煎饼馃子往嘴里送，还直催马三立快吃："那儿有馃子，还有蜜麻花……"小贩只能眼巴巴地望着，大冷的天愣是急出一头汗来。马三立见状，只拿了两个烧饼、两个麻花，朱阔泉连忙说："这才哪到哪儿啊，咱们赢的何止这点儿，就是把他这一车东西全推走，他也不够赔给咱的！"马三立冲摊主说："咱们这就算清账啦，大晚上的你干这个小本生意，挨冻受累也不容易，接着卖你的货吧。"说完拉着朱阔泉扭头就走。摊主喜出望外，连声道谢。后来，他一遇上马三立、朱阔泉，就塞给他们吃食，算交上朋友了。那时候，只有穷人之间才能相互理解，相互帮衬。

由于连日处于高强度劳动状态，且得不到充足休息，不久马三立便一病不起，他的倒下使家中失去了唯一的进项。在马三立生病的三个月里，多亏师兄弟、伙伴（刘桂田、高桂清、刘宝瑞等人）的接济，妻儿才不至于饿死。常言道"救急不救穷"，师兄弟们的接济毕竟不是长久之计。痊愈后，马三立还要继续挣钱养家、还债。为了能尽早还上债，马三立决定和刘桂田搭伙儿，搭小船到咸水沽、葛沽、塘沽一带的码头上去说相声。这些地方过往客人多，两人的相声很受欢迎，生意不错。紧接着，马三立又带徒弟阎笑儒到唐山、秦皇岛等地去说相声。如此夜以继日地忙碌了一阵子之后，马三立终于还清了债务。

20 世纪 50 年代初，马三立与众弟子合影

阎笑儒比马三立年长一岁，因崇拜马三立的艺术，执意拜其为师。马三立几番推辞才同意开山门纳徒。阎笑儒是大徒弟。马三立给徒弟们取的名字中都有一个"笑"字，如阎笑儒、高笑临、连笑昆、尹笑声等。

1937年，马三立赶在春节前回到了天津，本想着安顿下来不用再四处奔波，好好生活，不料这一年全面抗战爆发。战乱时期，天津市面萧条，每天宵禁戒严，艺人们的生意一落千丈，只能各奔前程。然而，就在这时，马三立收到了奉天（今辽宁省沈阳市）翔云阁茶社的邀约，邀请他到奉天说相声。出于对时局的考虑，马三立本不想离开天津，但为了生活只好踏上了闯关东的道路。一路上，马三立受到伪军的盘问，挨了打，受了骂，心里很不是滋味，但好歹平安到达了目的地。

到了奉天之后，邀约者的安排还算周到，马三立心存感激，当晚就马不停蹄地开始演出，说了段拿手相声《报菜名》，效果极好。奉天人原本就爱听相声，马三立的相声在奉天很受欢迎，翔云阁每日座无虚席，生意十分火爆。马三立与当地的捧哏演员张庆森搭档得很愉快，后来两人合作多年，堪称珠联璧合。正当马三立的关东之行朝着可喜的方向发展时，老天又给他出了道难题。当初邀请他来奉天演出的那个茶社经理出尔反尔，临行前早已谈好的往来路费以及食宿费全由对方支付，这时突然变成了垫付，他逼着马三立交出这笔钱。一番争辩之后，马三立虽心有不甘，但也无济于事。毕竟地头蛇不好惹，更何况自己身处伪满洲国地界。他不由得想起了师父的告诫：心字头上一把刀，还得忍。他强压怒火，忍气吞声干足了三个月，还清了所有费用，攒够了回家的盘缠，不顾经理的挽留，返回天津。

不难看出，马三立这一段"走江湖"的经历并非主动为之，而是时势所迫。生性老实的马三立虽受到诸多排挤，但一路走来也增长了见识，开阔了眼界，对不同地区、不同阶层、不同文化背景的观众的好恶有了更准确的把握。人生阅历成了艺术积淀。一路上的所见所闻所感，在刺痛他内心的同时，也坚定了他改变自己命运、追求艺术高峰的信念。

马三立回到天津时，天津城已经成了沦陷区，市面暂时恢复了表面上的繁荣，艺人们纷纷回到"三不管"地区卖艺养家。但与此同时，大恶霸、青帮头子袁文会投靠了日本新主子，流氓帮会愈发横行霸道起来，在"三不管"欺凌弱小、横征暴敛，后来竟又传下话来：不在青帮的人，一律不准在"三不管"一带混饭吃。这时，有入了青帮的朋友劝马三立拜个师父，烧个"香堂"，也入青帮算了。马三立坚决不干。刘宝瑞也不入，但他脑子活，劝马三立说："咱们死守着也不是长久之计，咱不会来个假招子吗？"原来，他不知从哪里踅摸来了一本讲帮规的书——《通漕》，把帮规里的黑话背得滚瓜烂熟，像背绕口令似的，他想出去冒充在帮的。马三立接过《通漕》翻了翻，觉得把里头的东西背下来倒不难，只是不似刘宝瑞孤身一人，自己有家室，跑得了和尚跑不了庙，一旦露馅儿，还不得让混混儿们抄了家呀，思来想去他最终没敢冒充。刘宝瑞则当起了假青帮，一上来倒还能瞒天过海，可常在河边走哪有不湿鞋，结果

天津"三不管"市场

还是露出了破绽，挨了一顿暴打才算了事。

混混儿、杂巴地经常朝艺人飞帖子，"做寿""满月"等帖子送来，艺人必须送钱去，不给钱的艺人轻则挨打，重则被安上个罪名送进大牢。帖子飞来，马三立一家人只得勒紧裤腰带凑上一块钱送上去，平均一个月要花上十块八块。有一次，青帮的混混儿给死了两年多的老太太做"阴寿"，竟然也来飞帖子，变着法儿地压榨穷人，就是为了一个字——"钱"。

混混儿说："哎哎哎，都听好了，今儿个我们老家儿做寿，介是帖子，老规矩，一人一块钱！"

马三立问："上个月您家老爷子刚过完生日，怎么又做寿？"

混混儿说："干嘛！你要造反是吗？我说是老爷子做寿了吗？这回是老太太过生日！"

马三立问："您家老太太死了两年多了，死人还能过生日？"

混混儿骂道："老太太没了就不能过阴寿是吗？马三立，怎么就你话多呢？告诉你，我忍你不是一天两天了，之前让你入青帮为嘛不入？是瞧不起我们青帮弟兄，还是真把自己当角儿了？给脸不要脸的玩意儿！弟兄们，上，给我往死里打！"

众混混儿吆五喝六，一拥而上要打马三立。面对五大三粗的混混儿们，马三立根本没有还手之力。就在这时，围观人群中有一位文质彬彬的读书人实在看不过去，上前一步大声喝止。混混儿们转过来就要打读书人，没想到看似文弱的书生，打起架来丝毫不落下风。他知道擒贼先擒王，一个箭步冲到为首的混混儿面前，一把将其制服。众混混儿平时欺软怕硬惯了，见到厉害角色，急忙作鸟兽散。

马三立连忙上前深施一礼，经过简单了解，知道了读书人是一位中学教员，名叫张立贤。他是马三立的粉丝，非常喜欢马三立的相声，觉得马三立说的段子清新脱俗，字里行间透着学问。今天他刚好路过这里，见马三立要吃亏，便路见不平拔刀相助。

张立贤说："这帮坏人，天天欺行霸市，为非作歹，现在日本人大肆侵略，常言道'国家兴亡，匹夫有责'，国家正当危亡关头，这些杂巴地还在残害百姓。内忧外患，不革命怎么能救国！"

马三立问："您说的革命是什么意思？"

张立贤说："就是让咱老百姓不再受压迫，翻身做主人！"

马三立说："张先生，咱穷老百姓怎么可能做主人啊？"

张立贤说："马先生，咱们穷苦人要敢于跟他们斗争，翻身革命、挣脱枷锁，才能过上好日子，总有一天您会明白的，我先走了。"

马三立脸上写满了疑问，心里揣摩着张先生刚才的那番话。虽然当时没太听懂，但是这番话在他心里扎下了根。在旧社会说相声的是最底层的人，没有人看得起，可张先生那番话让他对未来有了希望，有了盼头。

后来，张立贤加入了中国共产党，投笔从戎，参加八路军，准备上前线打鬼子。他临行之际，来到相声场子和马三立道别。马三立闻信后，急忙找师兄弟们东借西凑，凑了十块钱，想送给张先生做盘缠。

张立贤说："马先生，这可使不得。"

马三立说："您是干大事儿的人，我很敬重您这样的人，您要是看得起我，千万不要推辞。"

张立贤说："马先生，实在太感谢了。对了，您要不要跟我一起去？"

马三立说："我……我倒是想去，就是这一家老小全靠我一人挣钱养活，我要是一走，他们都得饿死……"

张立贤说："您别为难，投身革命不分早晚，这十块钱算我借的，来日一定奉还。"

马三立说："不不，不是借给您，这是我送给您的。"

最后，张立贤向马三立告别，说："张某就此告辞！咱们后会有期。"

马三立叮嘱他："您多多保重啊！"

迫于"三不管"流氓杂巴地的压力，马三立不得不再次踏上旅途，与搭档高少亭一起奔赴济南演出。然而济南也不太平，两人在外面辛辛苦苦干了大半年，也没攒下钱。冬天时，马三立回到了天津。一天夜里，马三立刚下了场回到家，就听见有人叫门。他打开门，只见一个陌生人穿着厚厚的棉服，脸上裹着围巾。

陌生人问："请问，这是马三立先生家吗？"

马三立回答："对，我就是马三立，您是？"

陌生人说："马先生，您不认识我，那您认识张立贤吗？"

马三立问："张立贤？哪个张立贤啊？"

陌生人说："就是中学教员张立贤，当初他去投军打鬼子的时候，您借给他十块钱做盘缠。您忘了？"

马三立说："哦……哦，是他呀，张先生。"

陌生人说："没错，他现在是我的上级，这次特地让我把钱给您捎来。来，这是十块钱，您收好。"

马三立说："我不是跟他说了嘛，这钱是我送给他的，不用还了。"

陌生人说："那可不行，他让我一定把钱给您带到。现在城里鬼子汉奸太多，我不宜久留。哦对了，他还让我给您带句话：等我们赶走鬼子，离迎接光明的日子就不远了。再见了马先生。"

凛冽的寒风呼啸而过，马三立站在门口望着这个陌生小伙子离去的方向，久久不愿进屋。远处是伸手不见五指的黑夜，透过这一片漆黑，他仿佛看到了一丝光明。黑夜即将过去，黎明更近了。

最早的相声改革家

在任何一个艺术领域中，要想成为标志性的人物，必须有自己独特的艺术建树，要在继承传统精华的基础上，加以革新改良，既要符合时代发展的需求，也要使其最终成为新的"传统"，在行业中流传下去。电影《梅兰芳》中，虽然"十三燕"这个人物是虚构的，但许多改革家都会遭遇守旧势力的阻挠和束缚这一现象是真实存在的。在相声界，马三立所面临的最大阻力竟来自家人——兄长马桂元。马桂元在教授弟弟相声技艺上可以说是尽心尽力，要求马三立在台词、节奏、语气甚至表情动作上，都要与自己保持一致，稍有差池便会拳脚相加。然而，随着时间的推移，马三立在不断的舞台实践中成长历练，他对相声逐渐有了更多自己的见解。他发现有的包袱，兄长马桂元使就会"响"，而自己使就没那么"响"；可是有的包袱，兄长没有自己使得"响"。马三立不仅聪明，还有个好琢磨的劲头儿，很快就悟出了个中缘由。他和兄长的样貌、嗓音、气质都大相径庭，"克隆"来的兄长的段子和表演技巧，自然要与自身条件发生"化学反应"，这就造成了同样的段子、同样的使法，效果却不一样的结果。马三立意识到，自己必须寻求变革，要根据自身特点对作品内容和表演方式加以改变。就像做衣服一样，即便选用相同材质、颜色的布料，做相同款式的衣服，每个人穿起来也会有不一样的风采，重要的是量体裁衣。但他深知兄长是个极其固执的人，出于对兄长的敬畏，他没敢把自己的想法告诉兄长。当时，马三立所有的改革都是瞒着兄长进行的，演出的时候也要看兄长在不在场：如果兄长在，他就按照兄长的路子演；如果兄长不在，他就通过实践来检验自己的想法。这种状态一直持续到兄长马桂元离世。

应该说，马桂元为马三立打下了坚实的传统基本功，使马三立对相声作品大刀阔斧的改革有了充足的前提条件。他开始将目光放在传统相声的细节上，将一些不合常理、不符合逻辑的内容加以改良。他的诸多代表作品，如《开粥厂》《西江月》《卖挂票》《夸住宅》《文章会》《白事会》《黄鹤楼》《吃元宵》等，每一段都经过他加工整理，都有他自己鲜明的艺术特色。凡经过马三立细致打磨的相声，都会烙上深深的"马氏相声"印记，从而形成了"马氏"的传承版本。

在同时代的相声演员中，马三立的学历最高，而且学习能力很强，他无时无刻不在留意和搜集对相声艺术改革有帮助的东西。一直到晚年，他表演的内容都是紧跟社会潮流的，这使得他的相声一直能给观众新鲜感。在他的诸多相声作品中，《西江月》可以算是他的拿手段子，也是他到各地演出时的"打炮活"。《西江月》是一个文学性较强的文哏段子，内容上以填写今韵白话《西江月》、表达社会各阶层的精神面貌为主干，最终收于以《西江月》为载体的自夸和嘲讽，让人听来觉得通俗易懂、妙趣横生。段子之中的所有内容都是马三立撰写的，根据不同的场合、时代背景，随时更新作品内容，可以说是一段与时俱进、常演常新的节目。在抗日战争刚胜利的时候，他就迅速在《西江月》中加入了讽刺日本人在华北地区强夺百姓物资的"献铜"运动、"献铁"运动的内容："献铜献铁献飞机，都是我的主意。"

马三立作为马氏相声风格的确立者，其功绩就在于他突出了相声的文学性。虽然在传统相声当中也有涉及人物的节目，但其中的人物大都处在从属地位，为相声笑料服务，个性不够鲜明，更多的是滑稽可笑的那一类。而马三立凭借自己对社会生活的深刻体悟以及自身的文化素养，突出了这些人物的个性，使相声上升到了文学的高度，为我们塑造了若干个性鲜明、意蕴丰富的典型人物形象。

其中，给我们留下印象最深的就是《开粥厂》中的"马善人"形象。

"开粥厂"是一种赈灾的善举。在过去，遇到大的自然灾害时，有钱的士绅、财主，甚至是官僚、财团，开设施舍粮食的场所，赈济灾民。这一历史可以上溯到春秋时期，《礼记·檀弓下》里面有"嗟来之食"的著名典故，"黔敖为食于路，以待饿者而食之"的举动，就近似于开粥厂的形式。

相声《开粥厂》原名《三节会》，大概形成于清末民初，对那个时期"开粥厂"的事件有所反映。它巧妙地将中国的"端午节""中秋节"和"春节"的饮食风俗，连缀在一个段子里，做了张扬却不失细致的描绘。

原先的版本就是单纯卖弄演员背诵"五月节""八月节""春节"施舍物品的"贯口"基本功的节目。马三立的版本却将单纯展示技巧的"贯口"放到了从属地位，通过若干精心设计的细节描摹，为我们塑造了一个意蕴丰富的"马善人"形象。

"马善人"与鲁迅先生笔下"哀其不幸，怒其不争"的"精神胜利法"的集大成者——那个自尊自大、自欺欺人、自我陶醉、自嘲自解的"阿Q"——有异曲同工之妙。"马善人"不能正视现实，幻想自己家是大户人家，到处吹嘘自己并未拥有的阔绰，用瞒和骗来为自己寻找精神上的慰藉。他先为自己寻找祖上荣耀的根据，这与"阿Q"非要说自己是未庄大财主赵太爷的本家，借以抬高自己身价的伎俩如出一辙：

乙：嘿呀，大户之家。

甲：我们是汉朝伏波将军马援的后辈。

乙：啊，马援的后辈。

甲：哎！马超知道吗？三国马超。

乙：知道。

甲：马超、马岱，我们老祖先。那是我们上辈。汉朝伏波将军马援，我们上辈。这都一家子，姓马。

在小说《阿Q正传》中，赵太爷为了这件事给了"阿Q"一个嘴巴，而在这个相声里，这个嘴巴是捧哏打的：

乙：姓马都是一家子？

甲：哎。

乙：哦，唱评戏有个《马寡妇开店》，那"马寡妇"跟您也是一家子？

甲：那不认识！同姓各家。

接着"马善人"又陶醉在自己编织的谎言当中：

甲：大元宝、小元宝、小锞子儿，这么点儿的那个，拿！给孩子们拿着玩儿去。

乙：嘿，哎呀！

甲：没用！

乙：成堆啦？金条成堆？！

⋯⋯⋯⋯⋯

甲：有七十多座亭子。亭子满都汉白玉的石座，玻璃砖的亭子，亭子顶儿，银子包金的。两边的鹤鹿同春，满是真金的。

乙：嗬！

甲：翡翠的犄角，猫眼的眼睛，碧玺的尾巴。月牙河，汉白玉的石桥。河里的金鱼儿、银鱼儿赛过叫驴，那蛤蟆秧子跟骆驼那么大个儿。

⋯⋯⋯⋯⋯

当"马善人"使用小市民伎俩的时候，其真正嘴脸就立刻暴露无遗了：

甲：这马家叫"什变的"，这个月饼。

乙：怎么个什变？

甲：什变的，得心应手。你想吃什么，就看你说话，你说着就变。"嗬，这大月饼哎，多好啊，是白糖馅儿。"一掰！哎，白糖馅儿哎，真好吃。吃两口，腻啦！"嘿，要是枣泥儿的好啦！"再掰！白糖全没，满变枣泥儿。

乙：嘿！这好啊！

甲："枣泥儿好吃啊！哎呀，南方，椰子馅儿，咱这儿吃不着！"再掰！椰子馅儿。说它变你信不信？不信我骂街！

乙：信！我信！

"马善人"的猥琐甚至表现在以自己买不起新鞋为傲：

乙：您这鞋该钉掌啦！哈哈，换换鞋吧。那么些金条。

甲：你问问，都看见啦！我一直老这双鞋吧！

乙：可不！压根儿也没得换。

甲：你看见没有啦？不想换！

乙：不想换？

甲：哎。

乙：嘿，你也没有啊。

甲：干净。

乙：干净啊？

甲：衣贵洁不贵华。曾子曰："包子有肉不在褶上。"

乙：啊？这是曾子说的吗？

明明是没钱买新鞋，却满口"之乎者也"地托口先贤之言，断章取义甚至是胡编乱造地为自己的行为作注解，幻想自己是衣衫褴褛却品格高尚的圣人。这与"阿Q"自诩头上的癞头疮为"一种高尚的光荣的癞头疮"是何其相似呀。传统相声《开粥厂》经过马三立的提炼改编，对某些人"伪善"的一面进行了无情的讽刺揭露，发人深省。

马三立将四书五经烂熟于心，他的相声语言总是寓庄于谐，试看《开粥厂》中随意引用的古文：

"衣贵洁，不贵华。"（出自《弟子规》）

"衣敝缊袍，与衣狐貉者立，而不耻者，其由也与？"（出自《论语》）

"庖有肥肉，厩有肥马，民有饥色，野有饿莩，此率兽而食人也。""无伤也，是乃仁术也，见牛未见羊也。君子之于禽兽也，见其生，不忍见其死；闻其声，不忍食其肉。是以君子远庖厨也。"（出自《孟子》）

在这大雅的古文之后，马三立便假托被孔子赞许"吾与点也"的先贤曾子之口，吟咏了几句市井的白话：

"包子有肉不在褶上。"

"不能饱汉子不知饿汉子饥。"

"一羊也是赶，俩羊也是放。"

"捆着发木，吊着发麻。葱葱葱，敲大锣，罗罗纲，卖咸姜，大爷不怕小八卦……"

其将文白杂糅，俗雅对比，突出喜剧效果。

这段相声采用了传统相声"三番四抖"的形式。

一番："马善人"摆阔，在五月节施舍。

二番：在八月节施舍。

三番：在春节施舍。

四抖："早晨把棉袄卖了，才吃的早点。""不是开粥厂吗？""打算这么舍，还没发财了。""说胡话呀！"

刚才还吹嘘自己富甲一方的"马善人"，在最后戳穿了自己的牛皮——"早晨把棉袄卖了，才吃的早点"，与前面三次铺垫形成了强烈反差，制造出喜剧效果。

马三立在铺垫上丝丝入扣，当"马善人"听说捧哏演员没到过"顺义县"（今北京市顺义区）时立刻说"好"，后面便开始无所顾忌地吹嘘，通过这一细节将"马善人"小市民狡猾的一面暴露无遗。

在表演上，马三立身材修长、面容消瘦、一对大扇风耳，那一眨一眨的小眼睛叫人看了就想笑，天生一副滑稽相貌。马三立擅长利用自己这一天生资本，利用自身肖像特点刻画塑造人物形象，给人以逼真的

中青年时期的马三立

感觉。在这段相声中，马三立便巧妙地运用"自嘲"手法，将自身形象大道无痕般地与"马善人"融为一体，浑然天成。在相声的一开头，他便采用"画眼睛"的白描手法，为我们勾勒出了"马善人"的伪善：

甲：就算我身上逮住个大虱子，哎哟，嗬！怎么办？

乙：挤死。

甲：挤死啊？太损啦。

乙：那怎么办？

甲：那是条性命，挤死啊？

乙：扔地下。

甲：扔地下饿死啦。

乙：那怎么办？

甲：无论找谁，往脖子那儿一搁。

乙：哎！哎呀！

甲：善嘛。

乙：这叫善哪？这叫缺德。放虱子啊？

甲：心软。我心软哎！

乙：心软？放虱子玩儿。

甲：我们既能保全它的生命，我们还不受痛苦。

乙：嘿。

甲：找一个胖子啊。

乙：还得找个胖子？

甲：哎，吃得饱饱的。

乙：嘿，好！

甲：玩儿嘛。

乙：玩儿？这叫玩儿啊？好！

甲：你瞧，解闷儿呗，吃饱天天干吗呢？

乙：吃饱了放虱子啊？

这里不禁让我们想起清代铁舟寄庸编辑的《笑典》中记载的一个故事：

> 江泌字士清，济阳考城人也，父亮之，员外郎。泌少贫，昼日斫屩为业，夜读书随月光，光斜则握卷升屋，睡极堕地则更登。性行仁义，衣弊虱多，绵裹置壁上，恐虱饥死，乃复置衣中，数日间，终身无复虱。

马三立将"江泌"的"性行仁义""恐虱饥死"乃复置自己衣中的善举，翻空出奇用在将虱子"无论找谁，往脖子那儿一搁"的"马善人"身上，更加凸显出其"伪善"的面目，而这一典型意义的"虱子典"，在马三立消瘦的形象映衬下更显得相得益彰，极具喜剧意味。

接下来，马三立以这样一副形貌，与夸耀自己腰缠万贯、乐善好施、唾沫星子乱飞形成了巨大的反差，真叫人忍俊不禁。如今，马三立塑造的这个"马善人"形象已经深入人心，这段经典相声至今仍被相声界公认为，除了马三立谁也"拿不动"。

这段作品整体上呈现现实主义风格，但其中加入了浪漫主义元素。那"蛤蟆秧子跟骆驼那么大个儿""五里地没接子的牛皮""丈八象牙条案""能容纳轮船的养鱼缸"等吹嘘，都是现实生活中难以见到的汪洋恣肆的夸张，这所有的浪漫主义元素又都统一在了写实的典型人物的性格之下。

高妙的技巧，使其思想性深藏其中，也使主题多元化。薛宝琨先生曾经这样说："《开粥厂》等一些传统相声，恐怕与新相声的主题单一、具体、明确等新文学主张是不一样的，带有极大的玩讽意味，似是而非、正话反说，只把意绪荡漾其间，而这才是'相声味儿'。"

在马三立不同时期表演的《开粥厂》中，关于"五里地没接子的牛皮"的包袱台词有所不同。在 20 世纪 50 年代那个特殊历史时期，马三立与张庆森是如此表演的：

甲：美国人送给我张牛皮，这牛皮打开，五里地，没接缝儿，整的。

乙：有这么大的牛吗？

甲：有，美国人给吹的。

马三立借助看似闲笔的包袱，对当时的美国进行了高妙的讽刺。

而在晚年与王凤山合作表演的时候，马三立做了修改：

甲：法国人给我张牛皮，这牛皮打开，五里地，没接缝儿，整的。

乙：你这牛得多大啊？

时过境迁，国际形势发生巨变，马三立删掉了这个包袱，更显示出艺术大师的与时俱进。

除了对相声的改革，马三立在其他姊妹艺术的创编上也是独具一格的。早年，马三立和刘宝瑞到外地跑码头，马三立有感于作艺艰难，即兴创编了一段小唱《相声自叹》。这段小唱设计巧妙，他将十三道"大辙"的每个辙唱一番，一共十三番："正月里正月正，为人你别学说相声，学徒还得三年整，我的太平年欸，挨打受气苦用功，年太平；二月里草发芽，学会了相声能养家，赚钱不多不要紧，我的太平年欸，买卖要是好了伙难搭，年太平；三月里三月三，天气不好难赚钱，刮风下雨干不了，我的太平年欸……"写得情真意切，唱词合辙押韵，显示了马三立高超的创作水平。

还有一段脍炙人口的快板儿《十八愁》绕口令。大家可能有所不知，现在广泛流传的版本其实不是这段快板儿的原词，而是经马三立改编的。最初的《十八愁》绕口令是"天也愁，地也愁，山也愁，那个水也是愁，君也愁，臣也愁，爹也愁，那个娘也是愁，老的也是愁，少的也是愁，恶也愁，善也愁，穷也愁，那个富也愁……"后来，马三立以十八种动物的特征为切入点，新编写了一段《十八愁》绕口令，也就是我们现在常听到的版本："要说愁，净说愁，你听我唱一段绕口令儿《十八愁》，狼也愁，虎也愁，象也愁，鹿也愁，骡子也愁马也愁，羊也愁，牛也愁，狗也愁，猪也愁，鸭子也愁鹅也愁，蛤蟆也愁螃蟹愁，蛤蜊也愁乌龟愁，鱼愁、虾愁各有分由……"别说观众不知道作者了，就是经常演唱这段作品的快板儿名家王凤山先生，他当年都不知道作者是谁。

20 世纪 20 年代，天津海河码头

早年有一次演出，王凤山在前面演唱快板儿，大轴儿是马三立的相声。王凤山当时表演的就是这段《十八愁》绕口令，精彩的演唱赢得了满堂彩。王凤山走下舞台，下场口侧幕旁站着马三立。见马三立也认真听自己的演唱，王凤山得意地问："怎么样？我这段唱得还行吧？"马三立说："你刚唱的这段是跟谁学的？"被冷不丁这么一问，王凤山还有些恍惚，说："跟谁学的？这……这是老先生传下来的。"马三立继续问："老先生？哪个老先生传给你的？"王凤山说："我哪知道啊，反正就这么一辈辈传下来的呗。"马三立说："过去《十八愁》唱的是'君也愁，臣也愁'，你现在唱的是'狼也愁，虎也愁'，谁教你的？"王凤山直点头："对，你这么一说，还真是这么回事，可是，这是哪位老先生改编的呢？"马三立笑着说："哪位老先生啊？我告诉你，远在天边近在眼前。"王凤山惊讶地说："啊？

敢情这是你写的呀！"说罢，两人哈哈大笑起来。后来，演员们觉得新版本更有趣味性，于是在演出中多采用马三立所编写的《十八愁》绕口令新版本，极少有人再唱老版本了。

马三立改编创作了大量的作品，但他并没有封闭保守。众多相声演员都学习使用马氏相声的段子，形成了"众人宗马"的局面。马三立可以说是最早的相声改革家，他对相声艺术的发展做出了巨大贡献。

03

叫响津门

不待扬鞭自奋蹄

相声大师是怎样炼成的

不待扬鞭自奋蹄

  1949 年 1 月 31 日，北平解放了，古城鞭炮齐鸣，街道被人群围得水泄不通，锣鼓声、欢呼声汇成一片，响彻天地。大街中央，解放军踏着整齐的步伐，昂首阔步走过人群。周围的百姓们有的拿着红布，有的举起红旗，高喊着"欢迎解放军……"每个人的脸上都洋溢着喜悦的笑容。此刻，一向性格内敛的马三立也被这空前的喜悦鼓动了，情不自禁地走进了欢庆解放的游行队伍之中，而且破天荒地扭起了秧歌。

  解放军入城的当晚就取消了宵禁，平津铁路正常通车了。朋友从天津到北平，为马三立带来了天津解放和全家平安的消息。不久，华声电台重新开播，马三立与张庆森搭档，每天在华声电台上直播。节目前后总会播放解放军的安民告示和有关共产党政策的讲话，马三立听得很仔细，无形中开始了自己最初的政治学习。紧接着东单曲艺厅恢复营业，马三立重返舞台，每场演出他都是精神饱满、情绪高涨，解放了嘛！有多大力气就使多大力气。因为共产党来了，人与人之间的关系发生了根本性的变化，没有压迫与被压迫了，人人平等，艺人们也不再是被人轻贱的"下九流"，而是中华人民共和国的文艺工作者了，这是翻天覆地的变化。这一时期，马三立与张庆森的演出效果非常好，喜欢听他们相声的观众越来越多，甚至京剧名家谭小培、谭富英、马连良、张君秋、叶盛章、周和桐等人，也都成了马三立的知音好友。电影《开国大典》中，街头的饭馆里有两个市民在议论："今儿晚上电匣子可有马三立的段子……"可见当时马三立受欢迎程度之高。

1950 年的春节，是马三立自记事儿以来，过得最幸福最太平的一个春节。他回到天津家中过年，家里已添置了新的桌椅板凳，也准备了丰盛可口的年夜饭，再也不用为了包饺子去面铺子赊白面了。他的妻子穿上了从来没有穿过的皮鞋，全家人的精神面貌也焕然一新、喜气洋洋。马三

1956 年 11 月，马三立和张庆森在一起研究创作相声新作品

立一家自从父亲马德禄过世后，每年春节都不贴春联，举步维艰的日子让他们毫无心情过节，"无柴无米过新年，何有兴味贴春联？"而这一年可大不一样了，马三立特意买来红纸，写上"共产党万岁""毛主席万岁"，贴得满屋都是，激动的心情无以言表，半辈子的困苦、艰难、屈辱，在那一刻一扫而空了，取而代之的是对新生活的满怀希望。

作为中华人民共和国的一名文艺工作者，马三立坚持创新，他把传统段子《百家姓》改为《新百家姓》，用新的内容、新的包袱歌颂新社会。随着艺术水平的不断提升，马三立的"化生活点滴入相声"的能力也越来越强。他从生活中汲取素材，通过艺术加工，创编了很多脍炙人口的相声小段，如《送人上火车》《所答非所问》《请客得罪人》等。这些相声小段演出以后，都深受观众喜爱。

马三立的相声本身就以"文哏"见长，俗中见雅，虽然内容大多是表现市民生活的琐事，但是他从来不用粗俗的语言、低俗的包袱。旧社会的艺人往往没有什么文化，喜用比较低级的包袱去取悦观众。例如，《反正话》中常见这样的台词：

甲：我眼眉。

乙：我没眼！

甲：我眼珠。

乙：我猪眼，不像话呀！

马三立不喜欢这样的段子，尤其是在新社会，他对这类作品相当抵制。"不足以供君子之丛听，实嘲笑小人之品行"（相声《洋药方》之宗旨），是马三立的文化自觉。他的相声追求回味隽永的包袱，通常能获得观众持久的笑声。观众听他的相声，往往是听时莞尔一笑，过后想起来仍会情不自禁地笑出声来。这种有嚼头、回味长的特点，源自他对生活中平民心理的准确把握。他通过细致的铺垫，让观众走进他设计好的情境之中，然后轻轻地撩拨一下观众的笑神经。一切显得那么自然，那么和谐。

即便是处理演出现场意外的"现挂"，马三立也多不采取直白浅陋的方式，往往欲擒故纵，给人以"柳暗花明又一村"的惊喜。有一次，他和张庆森正在台上演出，突然园子外响起了消防车警报的声音。尖利的警报声盖过了演员的嗓音，也带走了观众的注意力，眼瞧着演出无法进行。马三立却不慌不忙，他站在台上也向警报声响起的方向凝神张望。待到观众再次将目光投向他的时候，他才继续说："大家不用担心，消防车往某某街道某某胡同某号（张庆森住址）去了。"张庆森心领神会地回了一句："哦，合着是我们家着火了啊？"观众哄堂大笑，原本被打乱的演出秩序就这么被马三立四两拨千斤的一个小包袱带回了正常轨道。这种机智的"现挂"，也显示出了马三立举重若轻、风格独特的包袱处理方法。也正是马三立的独具一格，才令其在高手如云的相声同行中出类拔萃，赢得了观众的赞誉和推崇。

马三立非常看重观众对自己的评价，这不仅是艺术工作者的责任心，更是艺术成就的试金石。

1950 年冬天的一个傍晚，冷雨霏霏，彤云低锁，燕乐戏院刚开始检票入场。门灯齐放，墙上的海报被照得清清楚楚，上面写着红风曲艺社全体主演的名字和节目单，吸引了不少行人驻足观看。就在这张海报的旁边贴着一张大红纸，上面写着："敬告观众：马三立因病告假，今晚不能演出，特此通知，尚祈谅解！"

人群中一个瘦高男子，将棉帽檐拉到眉际，颈上缠着一条肥肥大大的围巾，把嘴和鼻子都遮得严严实实的，一动不动地盯着红纸。他的身体在簌簌轻颤，他在发烧，而且是高烧。冰冷的雨丝无声无息地飘洒着，把他的帽子和棉袍都打湿了。他仿佛没有察觉，依然默默地伫立在那里……他就是马三立。

本来他这次病得不轻，持续的高烧使他虚弱无力，一连躺了三天。正巧有人来他家做客，告诉他戏院门口贴了他的请假告示。说者无心，听者有意，他的心里顿时翻腾起来，既兴奋又疑惑。他还清楚地记得，二十年前，也是一个下雨的夜晚，他和师弟刘桂田赶到天祥商场去听名角张寿臣的相声，戏园门口贴着张寿臣因病告假的红纸告示。他不明白为什么，戏园伙计告诉他，这是"规矩"，名角不登台总得事先打招呼，否则观众不答应。他这才知道，一位好演员在观众心中的分量。艺有上下之分，人随之有高低之别，他为此感觉到自己的渺小。他不甘心，在回家途中，暗暗立志要当个好角儿……如今，寒来暑往已过去了二十余载，这一天，园子也为他贴请假告示了……当着客人的面，他没有吱声，待客人走了，他趁着妻子不注意悄悄穿戴起来，偷偷地溜了出去。他当然要去亲眼看看，这件事对于他来说意味着什么，只有他自己清楚。

他忍着病痛，凝视着那张公布自己请假的一纸告示。不知过了多久，他忽然飞快地向左右张望了一眼，往上扯了一下围巾遮住脸，转身返回了胡同深处。还是来时那条泥泞的小路，他的脚步却明显放慢了，一下、一下，平稳而滞重。他虽然身体有恙，但是内心无比的满足。二十年弹指一挥间，"宝剑锋从磨砺出，梅花香自苦寒来"，此时此刻，他已经成为观众心中的"角儿"了，成就感和责任感油然而生……

新中国成立后不久，朝鲜战争爆发。中国应朝鲜政府的请求，做出"抗美援朝、保家卫国"的决策，1950年10月，迅速组成中国人民志愿军入朝参战。

红风曲艺社成立于1950年，当时天津曲艺界许多颇有名气的演员加盟，马三立、骆玉笙、常宝堃、赵佩茹、陈亚南、陈亚华、石慧儒、史文秀等，都是该曲艺社的主要演员。1951年，红风曲艺社改组，成立了天津市曲艺工作团。

1951 年，天津市曲艺工作团成立（第一排就座的左一为马三立）

1951 年春天，相声名家常宝堃参加了第一届中国人民赴朝慰问团，归国前他遭遇敌机轰炸不幸牺牲。噩耗传来，马三立悲痛不已。然而，他并没有因此意志消沉，正相反，他抖擞精神，自告奋勇，向当时的主管部门毛遂自荐，志愿报名参加了第二届中国人民赴朝慰问团。在获得批准后，马三立高兴地回家收拾行囊，等候奔赴朝鲜的日期。

1952 年秋天，马三立在抗美援朝前线慰问

他并没有考虑过这个决定会不会给自己带来危险，让家人增添多少牵挂，他是那么毅然决然。因为在他的心里，翻身做主人的自豪感，让他把拳拳爱国之心化为殷殷报国之志，于是义无反顾地奔赴前线。晚年的马三立将这段经历称为"解放初期，我的最难忘而又最可纪念的一段经历"。

1952 年秋天，第二届赴朝慰问团开赴朝鲜前线，马三立被任命为华北分团文工队副队长，他人生中第一次有了"官衔"，第一次可以为组织"执行任务"了。

在夜色笼罩下，入朝的列车隆隆驶过了鸭绿江大桥。为了确保慰问团成员的安全，防范措施非常严密，慰问团到朝鲜后也是昼宿夜行，并且行军途中每辆卡车都加了伪装，配备一名战士保卫，以处理临时出现的紧急情况。车上还选定一名车长，随时点名、喊号，有的慰问团成员初上战场，心情紧张，听到点名时怎么也答不出声来。有人笑他，马三立却压低声音制止道："小点儿声，留神敌机听见……"话音未落，车上本来没笑的人也被逗乐了。

卡车在狭窄的盘山路上行驶，一边是峭壁，一边是悬崖，惊险异常。朝鲜多山，路好像总也走不到头。夜间行军一片漆黑，偶尔可见山顶和山坡处的积雪闪着银光。让团员们印象最深的是，山路是起伏颠簸的，路过的城市却是光秃秃的残垣断壁，一眼望去空荡荡的，根本看不见灯光和楼房，这就是残酷的战争。团员们坐在窄小的行李卷上，望着周围的一切，不由得想起家中安居乐业的妻儿老小，感恩和仇恨瞬间汇成一股热流涌上心头，把个人安危全都抛到了脑后。

文工队分成两个小队下去演出，所到之处都受到了志愿军指战员的热烈欢迎。马三立所在的小队主要是曲艺、杂技演员。演出场地有时是能容纳两三百人的大山洞，有时是密林覆盖的山坡，周围坐满黑压压的战士们，每当笑声和掌声传来的时候，就像听到大海涌起的涨潮声。马三立和张庆森合说的相声很出彩，经常一气说上四五段，随队的秘书还朝台下喊："再来一段要不要？！"战士们震耳欲聋的赞同声立即向他们涌来，虽然他们口干舌燥、疲惫不堪，但这些最可爱的人脸上灿烂的笑容，是一个演员得到的极大欣慰。

当年在志愿军炮兵第四十一团任职的杨炳南老先生，后来讲述过一段他在朝鲜前线与马三立之间发生的小故事。

那时，战斗打得异常激烈，仅杨炳南所在的炮兵团里就有近两百名干部、战士牺牲了，但部队的士气十分高涨，特别是听到祖国人民慰问团即将到来，同志们都非常激动。团里分派杨炳南做慰问团的接待工作，他于是迎来了马三立所在的文工队。

原本就喜欢马三立相声的老杨，当然不能错过这个近距离接触的机会，他把马三立请到自己办公的地方。简陋的房间内物品摆放得很整齐，办公桌上放着一部电话机、一个暖水瓶，靠墙支着一张行军床，墙上贴满了报纸，还挂着一支缴获的美式卡宾枪……老杨对马三立说："就是放这张桌子的地方，曾经被美国佬的一颗炸弹穿过坑道砸得粉碎，万幸的是炸弹没有炸。"

当时他与马三立聊了很久，外面时不时传来爆炸声，"轰"的一声巨响，敌机投下了一颗炸弹，就落在距离营地不远处，办公桌上的水缸子都被震得跳了起来。

老杨急忙说："没事，别害怕，天天都这样。"

这时，只见马三立面露惊恐之色，一下子紧紧抓住老杨的手，说："不好，老杨，我……我拉裤子了……"

老杨说："没关系，别害怕。警卫员，警卫员……"

　　马三立立即摁下老杨招呼警卫员的手，两人对视一眼，老杨一脸惶惑，马三立则"扑哧"一声笑了："嘿嘿嘿……我逗你玩儿呢！"

　　老杨一愣，立刻明白了马三立的恶作剧，也跟着哈哈大笑起来："好啊，您这是给我抖包袱呢！刚刚这颗炸弹听动静离我们不远，遇到这种情况，即使第一次上战场的战士也难免害怕，何况是您这样从未听过枪炮声的艺术家呢，您可倒好，居然还给我抖上包袱啦！我真服您了！"

　　马三立说："玩笑啦，玩笑啦，既来之则安之，他美国人就是纸老虎，只能吓倒懦夫，吓不倒咱们中国人！"

　　"对！说得好！"老杨直挑大拇指，随即，两人又开怀大笑起来。

　　若干年后，杨炳南老先生每每回忆起来，总也忘不掉朝鲜战场上那些难忘的经历，忘不了艺术家们带给前方将士的笑声，那是发自内心的笑声。杨老先生曾回忆说："这就是爱国艺术家的情怀，他们舍生忘死慰问前方将士，用文艺形式激发将士们的斗志，我觉得，他们也是英雄，也是最可爱的人。在当时那种情况下，马三立同志还能抖出那样的包袱来，这是不是幽默呢？是！是无人超越的幽默。冲这个，我就佩服他！马三立同志在战场上的淡定自若、诙谐幽默的形象总是让我难以忘怀。我认为，马三立同志是天津人的骄傲！"[①]

在炮火纷飞的战斗前沿，马三立为最可爱的人演出了一百五十多场。慰问团圆满完成任务，从朝鲜前线归来后，马三立加入天津人民广播电台的广播曲艺团工作。1955年年底，马三立向时任天津人民广播电台台长鲁荻同志提交了第一份入党申请书，积极向党组织靠拢。他在思想上要求进步，在艺术上也求新求变，走出了一条新路，反映新生活的新作品层出不穷，比如《新对子》《新灯谜》《新西江月》《新婚姻法》《破除迷信》《公费医疗》《美国之音》《盗运粮食的人》《飞油壶》《孕妇调查表》等。从这些作品的名称上，我们可以判断，如同那一时期其他艺术作品的主题思想一样，这些段子带有明显的时代标记，受到广大观众的欢迎。对于洋溢着时代新鲜气息的东西，社会反响一定是最热烈的。

"春风得意马蹄疾"，马三立跟随着时代的起伏，变换着喘息的频率。这样一位善良朴实的艺人，在旧社会里受过太多苦难，对于苦后的甘甜，他格外珍惜。

---

① 杨炳南，山东掖县（今莱州市）人，生于1916年4月，1938年参加八路军。抗美援朝战争时期，他曾在志愿军炮兵第四十一团任职，后曾在总后物资部天津办事处工作，曾荣获国家三级独立自由勋章、三级解放勋章、朝鲜三级国旗勋章、二级自由解放勋章。他于1999年5月去世。这段故事是杨炳南老先生在世时，讲给儿子杨喜光的。在杨老先生故去后，杨喜光先生写书信邮寄给天津市曲艺团转交马三立家属，才让我们获得了一份珍贵的资料。在此，特别致谢杨喜光先生。

1953 年，马三立（第一排右一）与相声名家们合影

相声大师是怎样炼成的

大师，是对某个领域中出类拔萃之人的尊称。而对大师的要求，不仅仅停留在高超的技能上，也对其品德有所期许，正所谓"德艺双馨"。

一个相声演员要成为大师，勤奋、阅历等都是外在条件，最重要的条件是内在的修为，正可谓"艺为本，德为先"。马三立在相声上的成就，毋庸置疑源自他对艺术的刻苦钻研和执着追求。但是究其根本，还是来自他的品德修为，厚德载物。首先有德，才能托起高超的技艺。百善孝为先，一个对长辈孝顺、对晚辈慈爱的人，才会是一个厚德之人。孝慈是马三立个性中的最大亮点。

马三立三岁那年，母亲病逝。幼年丧母是人生三大不幸之一。父亲在征得婶母的同意之后，把马三立寄养到叔父家。他在婶母家住了三年，直到六岁才被父亲接回家。从某种意义上说，婶母在马三立最需要母爱的年纪，代替了母亲的角色，给了马三立母亲般的关怀。马三立管她叫二婶。二叔早年以卖药糖为生，家中生活也比较拮据。叔婶膝下无子，后来叔父去世早，马三立成家以后，就把二婶接过来奉养，像亲儿子一样孝顺她。马三立的儿女们小时候一度认为，这位二奶奶就是自己的亲奶奶。1968 年，二婶去世，已经年过半百的马三立哭得像一个孩子。即使在后来那段特殊的历史时期里，马三立被下放到农村劳动改造，因前途渺茫而感到身心俱疲，打点行李时也不忘带上二婶的骨灰。那个时候，马三立认为以后大概率要留在乡下了，二婶的骨灰也应该埋在乡下，自己一家人要永远守护着她。

1955 年，马三立的师父周德山故去了。老人无后，妻子去世后，他靠同行、徒弟接济度日。周爷每天的午饭和晚饭都是在马三立家里吃。马三立一人要养活全家十几口人，吃的自然没什么油水。周爷有时候馋了会偷偷买点酱肉吃，因为徒弟是回民，所以他都藏在袖子里吃。有一次，马三立夫妇发现，周爷在吃饭时常侧过身去，嘴往袖口里拱，转回头便闭着嘴咀嚼。夫妇仔细留意观察，终于看清他肥大的袖口里藏着一只猪肘。周德山很是尴尬，可是他没想到，从此饭桌上多摆了一只空碟，专供周师爷放"违禁食品"。老人乐天一生，晚年也并不孤独。马三立一家为师父养老送终，用实际行动做到了"一日为师，终身为父"。

慈，是他对子女的态度。他的父爱，不仅限于对自己的儿女，同样还包括对侄子马敬伯。1942年，兄长马桂元英年早逝。其妻在他开始吸食鸦片不久后便扔下儿子离家出走，当时不需要到民政部门办理离婚手续，她的一去不返也就宣布了这段婚姻的结束。马桂元的"烟瘾"越来越大，以致穷困潦倒，自己的衣食尚且不保，又怎么顾得上孩子。从那以后，马三立夫妇便开始抚养年幼的侄子马敬伯。当时马三立夫妇还没有子嗣，他们把马敬伯视如己出，疼爱有加。马三立供侄子读书，见马敬伯一天天地长大，声音容貌很像其父，且聪明伶俐、善于模仿，是个说相声的材料。马三立亲自给他开蒙，传授相声技艺。用马三立自己的话说："我教敬伯说相声下的功夫，远大于教我儿子马志明。"马敬伯原名马景伯，长

青年时期的马敬伯

大以后，他感念叔伯马三立的培育之恩，把名字当中的"景"字改成了"敬"，以表达内心的敬爱之情。马敬伯是马家作艺的第四代人，尤其擅长文眼段子，也是马氏相声的第三代传人之一。新中国成立后，马敬伯曾担任天津市红桥区相声队队长，后来去长春市参加组建吉林广播曲艺团，开始与王宝童搭档表演相声并整理了大量相声资料，为东北相声的发展做出了很大贡献。马敬伯还曾在吉林省艺校任教，培养了一大批表演人才，著名影视演员刘威就是他的得意门生。

马三立对于德行的修养十分看重，不但自己能够自律，也始终要求子女修德。马志明回忆过小时候跟父亲在一起时的两件小事。有一次，年幼的马志明花三分钱买了一只小乌龟，见乌龟爬得太快，就把乌龟的指甲都给剪掉了，没有了指甲，它爬起来相当费劲，他正准备拿绳提溜着出去玩儿，恰巧被父亲看见了，他挨了一顿暴打。父亲打完了还不忘教训他几句："你吃饱了没事干是吗？它指着那指甲爬行呢，你祸害它干什么呀！"还有一次，马三立带儿子去园子演出，因随身携带演出服装和道具，且马志明年纪尚小，故而在路边雇了一辆三轮车，爷儿俩"奢侈"了一把，"打车"出行。到达目的地，马三立把钱递给蹬车师傅，下车以后，朝对方说了一声："让您受累啦！辛苦了您！"马志明见状，很是不解地问："爸，咱不是给他钱了吗？为什么还要谢谢他？"马三立一脸严肃地说："坐车给钱是应当应分的，可人家拉着咱爷儿俩，出了那么大力气，容易吗？当然要道一声辛苦啦！"这两件事虽小，但是让马志明印象深刻。马三立不仅艺高为师，而且身正为范，以言传身教立德树人。马三立对于弱者的这种同情心，反映到其作品中，就是一种悲天悯人的情怀。他的相声温柔敦厚，从不尖酸刻薄，总是报以善意的批评，以达到真诚规劝的目的。

新中国成立之初那段时间，虽然马三立要一个人挣钱养活全家十几口人，但是家庭的负担并没有成为他艺术创造的累赘，反而成了他追求更高艺术造诣的动力。他要报恩，强烈的翻身感是那个时代人们的共鸣。

1953年，何迟创作了相声《买猴》。何迟当初在红风曲艺社时就是马三立的领导，而此时他已经是文化局的局级干部了。虽然马三立与他没有私交，但通过旁观和耳闻已对他的精明干练有了印象。马三立还知道他经常写剧本和评论文章，但创作相声还是头一次听说。最初，《买猴》的本子并没有交给马三立，而是由其他几位知名相声演员表演。本子的立意很好，但毕竟何迟刚开始涉足相声创作，相声结构和包袱设计上还不是很标准，尤其是以传统相声来衡量，这个作品采取的倒叙手法弄不好就会把头绪搞乱，而改成平铺直叙又会失于平淡，无法取得较好的喜剧效果。因此，表演

过这段相声的演员们普遍反映不好
演，现场效果和观众反馈皆不尽如人
意。曲艺团的领导就将这个本子交到
了马三立的手中，并要求他尽快将这
段相声推出去。在知悉上述情况后，
马三立只提出了一个请求，即征求原
作者的意见，自己能否对本子进行修
改，二度创作。作者何迟非常豁达，
表示只要演出效果好，无论删减还是

何迟（1920—1991），北京人，满族，
原名赫裕昆，字柏岗，曾用名赫赤，后
更名何迟。1938年赴延安抗日军政大学
学习。1940年被分配到华北联合大学文
工团。1949年到天津工作，曾任天津人
民艺术剧院副院长、天津市戏曲曲艺工
作者协会副主席、天津市戏曲学校校长、
中国曲艺家协会常务理事、天津市文联
副主席。他一直坚持文艺创作，在戏剧、
理论、电影及曲艺等领域都有颇具影响
的作品问世。

添加内容，怎么改动都可以。于是马三立欣然接下了这项任务。正所谓艺高人胆大，当时马三立内心笃定一点：越是别人拿不动的，自己越要努力试一试，并且还要做出成绩来。对于当时的这种心态，晚年的马三立心情平静而又复杂地将其称为"个人英雄主义"。

那段时间里，马三立改编《买猴》已经到了废寝忘食的地步，一连数日伏案改稿，身体非常疲倦。一次，他想抽根烟提提神，发现烟盒已空，便起身去衣柜上边摸，就在踮脚探身的工夫，忽觉一阵头晕目眩，失去了平衡，一头栽倒，正磕在柜旁的炕沿上。他手捂着额头，血淌过指缝顺着手背往下流，看得妻子甄惠敏心疼不已。

马三立将《买猴》的本子几易其稿，借鉴了评书艺术的"明笔""暗笔""倒插笔"的叙事手段，使这段相声的条理更加清晰，人物栩栩如生，塑造了一个在工作上"马马虎虎"、在生活上"大大咧咧"、在作风上"嘻嘻哈哈"的"马大哈"的典型形象。他粗枝大叶、自私自利，言行中充满了小市民情趣。因为高度的概括性和无比的真实感，"马大哈"成为至今依然流传的一种性格符号，不仅极富个性，而且具有深刻时代烙印的社会普遍性。作品运用夸张、漫画式的手法，含蓄地揭露了官僚主义和盲从作风带来的荒诞闹剧，其形式虽是喜剧的，内涵却是悲剧的，耐人寻味、发人深省，具有积极的现实意义。《买猴》因马三立的改编上演而收获了艺术上的成功，成为新中国成立后讽刺型相声创作的里程碑式作品。

马三立、张庆森合说的《买猴》，由中央人民广播电台录制后向全国播放，一经播出便引起轰动效应，"马大哈"很快就家喻户晓。1954年11月，《买猴》演出脚本在《沈阳日报》上发表，之后在《旅大文艺》《北京日报》《剧本》《中国建设》（英文版）上相继刊登，并被翻译成俄文、英文，在多个国家的杂志上登载，还有多家出版社出版发行了单行本。1955年，全国人民代表大会一届二次会议举行，马三立应邀赴北京为党和国家领导人及全国人大代表演出。周恩来总理听他说了《买猴》，对他亲切地说："我在电台里听过《买猴》，今天又现场听你说了。《买猴》很有教育意义，好啊！"由此可见，相声《买猴》在当时获得了巨大成功。

但在此期间，《剧本》《文艺报》等报刊也收到了部分读者的质疑信。为此《文艺报》于1956年5月至8月开辟了"怎样使用讽刺武器"专栏，就相声《买猴》展开热烈讨论，前后发表了多篇争鸣文章。老舍、赵树理、侯宝林等人也撰文，从维护讽刺文学等角度给予《买猴》极高的评价。老舍的文章强调："欣赏讽刺文学是我们的民主精神的一种表现。"他还认为当前讽刺作品的缺点不是过火，而是还不够大胆和深刻，其原因在于作者怕受到责难，所以不敢畅所欲言。文艺应该追求真理，不应隐瞒、敷衍和粉饰。

其实，何迟作为具有革命经历的创作者，敏锐地认为，在当时计划经济时期，对于在工作上"马马虎虎"、在生活上"大大咧咧"、在作风上"嘻嘻哈哈"的"马大哈"式人物，如果不对其进行思想的教育改造，而只是让其"换个工作"，必将造成新的危害。作者从维护社会主义制度的角度出发，发现了特定历史时期中这一类人身上滋生的惰性，希望通过文艺作品引发人们的思考并加以改善。

1956 年 1 月，毛泽东主席来天津视察工作，马三立作为文艺界的代表，在天津干部俱乐部受到了毛主席的接见。毛主席微笑地与马三立握手，并点点头说："买猴子，买猴子……我在广播中听过你的相声，可是没见过你的面。"浓重的湖南口音，听上去很亲切。他上下打量着马三立，又摇了摇头说："你太瘦了，把身体搞好一点儿嘛……"毛主席还关心地问他说了多少年相声，什么文化程度，经常爱看什么书。一番交谈过后，马三立为毛主席表演了一个相声小段，毛主席笑了又笑。那天马三立回到家已是深夜了，孩子们都睡下了，他来不及脱外衣就忙把全家人唤醒，举着右手喊道："都来和我握手，这是毛主席刚刚握过的手！"此后，马三立每每想到毛主席都知道他的"买猴子"，心中倍感荣耀。马三立因此收获了很多荣誉，有观众给的，也有上级领导给的。他无比知足地享受着新社会给他的温暖，更加执着地耕耘在相声艺术的园地中，用笑的艺术服务观众，回报社会。

《买猴》让马三立与何迟成了彼此欣赏的艺术合作伙伴，此后，两人开始了一次又一次愉快而成功的合作，这一时期先后推出了相声《开会迷》《十点钟开始》等。

《开会迷》的首次正式亮相，还是通过大荧幕。那时候，相声很难有机会参与影片录制，那也是马三立第一次"触电"。1955年秋天，北京新闻电影制片厂拍摄的文艺纪录影片《恭贺新禧》，里面需要一段十分钟左右的相声，当时导演选定了马三立、张庆森表演的《开会迷》。该片在1956年春节期间全国公映。在拍摄时，恰巧马连良、谭富英、叶盛兰、

1955年，马三立与张庆森表演相声《开会迷》，录制电影《恭贺新禧》

裘盛戎等著名京剧演员，也在那里拍摄戏曲艺术片《群英会·借东风》，大师云集，又是老友重逢，自然有许多往还欢叙，也算艺坊一段佳话。

《十点钟开始》讲的是一个光说不干的空想家，他信口开河、夸夸其谈，信誓旦旦地要从今晚十点钟开始努力，先是妄想能在最短的时间内成为科学家，而后又变成军事家，最后又改为文学艺术家，每次改变决心时都会立下豪言壮语："要是不能实现这个理想，我就不是祖国的好儿女，我就不配叫中华人民共和国的公民啦！"而每次发过誓言后又会发出"你看我行吗"的疑问，令旁观者心生厌恶却又无可奈何。结果时间已过，只好将今晚十点钟开始的计划无限期推迟。作品塑造了一个口若悬河、胸无点墨、口是心非的空想家形象，他是富于幻想又缺乏实干精神一类人的生动写照，具有强烈的现实主义色彩。

通过对比何迟原作和马三立的演出脚本，我们可以发现，马三立对于原作是有取舍的，精简了一部分贯口内容，而将更多笔墨放在了揭示人物心理、让人物鲜活起来上。如：

例一

甲：你怎么知道我没看报？

乙：订份报纸。

甲：订报啊？我买，我买报。

乙：买报？买零报？

甲：买零报？我大批地买，我一斤一斤地买。

乙：一斤一斤地买啊，哪儿买去？

甲：就收废品那儿，给的多，分量足。

乙：哦，废品啊？

例二

甲：那就从今天晚上十点钟开始，我要揭开我生命的最新一页，我要努力学习做出成绩，我是说话算数的，我提出我的保证，今天是星期二，不对，星期六，今天是八号。

乙：谁说的？谁说八号？

甲：今天八号。

乙：不是八号。

甲：我愿意今天八号。

乙：那干吗啊？

甲：九号发薪。

乙：财迷！

例三

甲：马三立，就是中国的马雅可夫斯基！几年之后你再见着我啊，我就不这样啦！

乙：那是，你就胖了。

甲：胖啊，胖当然是胖不了。几年之后再见着我，我就不穿这样的衣服了。

乙：那你穿什么？

甲：我就穿皮鞋啦，过几年我就皮鞋啦，我就穿毛料的制服啦，我胸前这个奖牌奖章纪念章我都戴满啦！国家的奖金、国际的奖金、优秀的奖金、诺贝尔奖奖金我就得了不少啦，稿费、录音费、塔儿哄抄肥都我的！我钱就多啦，有钱啦我就，有钱我就买被卧，买棉帽子，有钱我就吃，我吃炸糕，我天天吃包子，天天我吃包子……

乙：行了行了，累了，你饿了吧？来个烧饼垫垫？

甲：烧饼？哪儿有烧饼？

乙：买去了。

甲：谁有烧饼？

乙：一会儿就拿来。

甲：烧饼先不忙，我在文学创作上发挥……

乙：歇会儿吧。

这几处都是原作中所没有的，而马三立根据自己对生活的观察，按照作品所要塑造的这一类人物的性格必然，丰富了细节，使这个"三分钟热乎气儿"的空想家形象更加立体丰满、呼之欲出。"空想家"想改变自身的窘境，他幻想"尽早发薪""买棉帽子、吃包子",改善自己的生活,可又始终停留在空想阶段而不付诸实干,成为"天桥把式光说不练的人"。更为巧妙的是,马三立将原作加以改变,如原作:

甲:……我要集中中国农民革命几十年的斗争经验,努力写一本儿长达百万言的长篇小说。

乙:叫什么?

甲:叫《中国四万万五千万阿Q是怎么样站起来的》!

乙:啊?

甲:到那个时候,就不单俄国有高尔基,我就成——中国的高尔基啦!

这一段并不单纯是马三立根据自己的名字将"高尔基"改为"马雅可夫斯基",更加贴切有趣,同时,他将原作中《中国四万万五千万阿Q是怎么样站起来的》"也加以改变。

乙:你写啊。

甲:我写,我当然写,写几部长篇小说,弄几个电影剧本,我多写几个寓言小故事,我多写点讽刺小品,我写那讽刺的,我讽刺那自私自利的人,我讽刺那斤斤计较个人得失的人,我讽刺那天桥把式光说不练的人。

乙:对! 这个您得说说!

原作单纯表现空想家的雄心勃勃，马三立将其变成了"讽刺天桥把式光说不练"的不知自"丑"的"自炫为美"，其反讽意味更加深刻隽永。

《十点钟开始》自20世纪50年代问世以来，一直被马三立所珍爱，他"一遍拆洗一遍新"地精益求精，直至晚年，仍然对这个作品爱不释手、精雕细刻。马三立与何迟通力合作的相声《买猴》《开会迷》《十点钟开始》以及后来的《似曾相识的人》，都是载入相声史册的经典佳作而流传至今。

04

抖擞精神

重返氍毹别样红

一片丹心向阳开

"我值吗？"

重返氍毹别样红

　　1970年，马三立一家四口被送到南郊区北闸口大队务农。艰苦的农村生活、渺茫的未来前景，都没有打垮意志坚强的马三立，几十年的起起伏伏磨炼了他的心性，让他宠辱不惊。面对荣誉，他心态平和，不骄不躁；身处逆境，他安之若素，随遇而安。虽然当时看不到回城的希望，更看不到重返舞台的那一天，但是马三立每天的"功课"从不曾落下，田间地头、茶余饭后、劳动间歇，他抓紧一切时间背台词、背"贯口"，梳理自己的相声业务。他舍不得丢下从小刻苦学来的一身相声本领。不能登台说相声，就把相声埋在心里。可以说，相声是他毕生的追求，唯一的精神支柱。

　　闲下来的时候，马三立常给儿子马志明说活。对于终日奔忙劳碌的马三立来说，此时从喧嚣的舞台回归简单的生活，不仅可以沉淀自己的艺术，更可以静下心来培养马氏相声的下一代传人。在南郊区整整七年的光阴里，马志明也得到了千载难逢的机会，父亲亲自为自己授业，耐心讲解相声技法，示范表演动作，这比相声大专班的规格还要高，用马志明后来的话说，这是他"一个人的相声大学"。

马三立热爱生活，他在院子里养了鸡和鹅，种了花和蔬菜。不久，黄瓜、豆角、西红柿、青椒、茄子等结了果实，院里红红绿绿的，颇为喜人。马三立还自学干起了木工活儿，并研究出一套如何把木头锯直的方法，为此他编了个口诀："脚踩中心线儿，胳膊肘对磕膝盖儿，抬头翻屁股蛋儿，锯走直线不拐弯儿……"他自己做的窗子、小板凳，居然

20 世纪 70 年代，马三立、夫人甄惠敏及次子马甄在南郊区

还都是桦子活儿。在那段时间里，马三立始终用劳动充实精神，借农耕抚平心境，坚定理想信念，他把所有的磨难都看作对自己意志的考验，相信坎坷过后就是坦途，乌云散去终将迎来光明。

1977年秋季的一天，天津市文化局和曲艺团派人来接马三立一家回城。家人都很开心，总算可以离开农村，回到市里了。只有马三立一个人呆呆地站在原地，恋恋不舍地望着小院和那两间破旧的土房子，久久不愿离去……

1978年的一天，团领导通知马三立，按照市、局领导的意见，从即日起，正式恢复上演《买猴》。对于重演《买猴》，马三立既激动又忐忑，他曾因这段相声扬名立万，也因它遭受劫难，此时此刻，他心里五味杂陈。

马三立的老搭档张庆森因眼疾无法再登台，另一位珠联璧合的搭档赵佩茹也已经过世了。这时，马三立的新搭档换成了快板儿表演艺术家王凤山，他的捧哏冷静内蕴、憨厚幽默、沉稳有致、文雅洒脱。两人此后合作十余年，为观众带来了无穷欢乐，堪称绝响。1992年王凤山因病去世，马三立再一次痛失搭档。自那之后，一直到2003年马三立去世，十一年里，马三立只表演单口小段，再没有说过对口相声，大有"摔碎瑶琴凤尾寒，子期不在对谁弹"之意。

20 世纪 80 年代，马三立与王凤山演出照

　　《买猴》第一次恢复演出，是在黄河戏院。观众极为热情，早早地就来到了剧场，台下座无虚席。马三立攒底演出，主持人报幕道："今晚最后一个节目，相声《买猴》，表演者马三立、王凤山。"台下瞬间爆发出潮水般的掌声。马三立强捺住内心的激动走上舞台，面对一浪高过一浪的掌声，

马三立根本没法张嘴，唯有频频鞠躬向观众致意。过了很久，剧场内才安静下来，马三立对台下说："我想你们啊！老没见了，我呀'病了'……"台下又是一阵热烈的掌声，马三立平复了一下心情，说："今天这段节目，我有二十来年没说过了，台词都生了，万一说不好，还请大家多多包涵……谢谢！"说完，他朝台下深施一礼，观众又鼓起掌来。这些掌声不仅仅是对艺术的肯定，更是与台上演员的情感共振。演出结束后，观众蜂拥到舞台前，挥动着双手向马三立示意，像久别的老友重逢。马三立百感交集，那一刻，他站在台上抱拳拱手，老泪纵横。

紧接着，在1979年，马三立与他的黄金搭档、著名作家何迟再度联手创作了一段相声——《似曾相识的人》。两个人因《买猴》而结识，也因《买猴》而共同遭遇磨难。《似曾相识的人》可以说是两人二十年后再一次对心路历程的总结，在马三立所有的作品中具有极其特殊的意义。在人物塑造手法上，马氏相声一贯的人物塑造手法都是善意的讽刺，形成了哀而不伤、谑而不虐、乐而不淫的独特艺术品位。相声《似曾相识的人》也是如此，但稍有不同，作品采用层层递进的方式来讽刺一小撮人的品行，又以层层剥笋的方式来全景式地曝光一类人的内心世界。其中对小人物的讽刺批判，入木三分又含蓄有致，达到了以小见大的境界，将传统相声技巧了无痕迹地化用到塑造现代人物当中，看似漫不经心，实则达到了出神入化的艺术境界，充满了马氏相声含蓄的冷幽默。在作品尾声，马三立将讽刺对象归结到自己身上，这一份仁厚与豁达实属少见。若往深了想，真的是他吗？是作品里的"他"。马三立和他的相声是一面镜子，照见了无数个"似曾相识的人"。

沐浴在改革春风中的马三立"老骥伏枥，志在千里"，他积极投身于社会公益事业，用自己的相声艺术服务人民、反哺社会。他笔耕不辍，创编了一大批反映时代特点的新作品。这一时期，他的相声创作有两个显著特点。

首先是"兼取杂糅"。"人物的模特儿也一样，没有专用过一个人，往往嘴在浙江，脸在北京，衣服在山西，是一个拼凑起来的角色"，这种"杂取种种人合成一个"，是鲁迅所推崇的创作方式，同样为马三立所掌握。相声《练气功》中的"张二伯"，就是马三立将现实生活中几个人物的特征糅合在一起塑造出来的。犯浑跟媳妇打架的，是和他曾经住在一条胡同的老街坊；没事到别人家看电视的，是他搬入楼房时楼下的邻居；抢小孩儿苹果一口咬掉大半个的，则是其子马志明在逗姐姐家孩子时的实事演绎；最终练气功的，则是源于马三立在报纸上看到的一则因为迷信气功治大病而致死的新闻。几个看似不相干的人物和事件，在马三立的手中

20世纪80年代末，马三立向长子马志明传授相声表演技巧

融合成了一体，最终形成一段经典的相声作品。

其次是"广罗精选"。以马三立为代表的马氏相声，非常重视观察生活，捕捉生活中的点点滴滴。作品选材着眼于生活琐事，不放过任何一个好素材，通过挖掘典型事件来展开情节，以典型性格下的典型行为来塑造人物。讽刺小商贩掺杂使假的《家传秘方》就是这样一段精品节目，其创作来历还有几分"曲折"……

这一年的春节，相声演员王佩元来给马三立拜年，一进门便说："马老，我没给您买年货，给您带来一个相声小段的素材，您听听？"马三立饶有兴趣地说："好啊，你说说。"

王佩元便把自己根据街边见闻改编而成的小段使了一遍……"我设计的是，结尾打开纸条，上面画着一个小手。"说完，王佩元用期许的眼神看着若有所思的马三立，等待他的意见，只见马老略微点了点头说："好，佩元，谢谢你，这个'年货'我得着了。"

不久，马三立把这段自己加工后的《家传秘方》搬上了舞台。前面增加了对街头不良商贩的讽刺，同时，将购买"家传秘方"的人物设定为表弟"穆祥凤"。对售卖"家传秘方"的小贩不敢与围观人们对视的心虚、打托者的虚张声势，马三立都进行了画龙点睛的描摹。自信满满的"穆祥凤"购买"家传秘方"以后，真就凑巧没去烫澡。马三立用浑身奇痒无比的"穆祥凤"一个接一个地打开"家传秘方"包装的巧妙设计，吊足了观众的"胃口"。

马三立告诉王佩元："使打开白纸包这叫'铺'，一定要用眼睛余光瞄着观众，看观众是否把精神注意力集中过来，如果还没到火候就往下使，响不了。如果观众都醒攒儿（意思是明白——猜到包袱内容）了再使也不响，必须要恰到好处，当感觉观众都聚精会神到情节里的时候，低头念'写着俩字'这叫'垫'，再抬头冲观众念'挠挠'，然后退出人物……"

马三立接着说："佩元，知道为什么不能用'画个小手'吗？因为咱们这段相声不一定是与观众面对面地演，如果录音在电台里播放，人家观众不知道你画的是什么，底还能响吗？"

瞧，由改编到表演，马三立逐一给王佩元讲解，这便是传道、解惑。

那么，这个小段为什么会引起马三立和王佩元共同的兴趣呢？也许下面这则古代笑话能帮助我们找到答案：

杭州吴山有售秘法者，一人以三百钱购三条，曰："持家必发""饮酒不醉""生虱断根"。固封慎重而与之。云："此诀至灵，慎勿浪传人也。"归家视之，则曰"勤俭"、曰"早散"、曰"勤捉"而已。大悔恨，然理不可易，终无能诘难也。（出自《冷庐杂识》）

翻译成白话文就是：杭州吴山有卖秘法（秘技）的人，有个人拿了三百个钱买了三条秘技，分别是"持家必定发财""饮酒不醉"和"灭虱子要术"。（老板把秘技）封得严严实实的很慎重地交给他，说："这法子灵到了极点，千万不要胡乱传给别人啊。"（那人）回家一看，（秘技上）说："勤俭""早散场""勤捉"而已。（那人）非常悔恨，但这秘技说的道理确实是至理名言，到底还是无法责难卖秘技的人。

用王佩元的话说："就是皇上二大爷痒痒了，也得挠挠。"在题材选择上，马三立独具慧眼，善于发现身边笑料中蕴含的哲理趣味，素材经过他的妙手点染，往往璞玉变为和璧。

马三立类似这样从生活中提炼相声素材创作段子的例子还有很多，比如脍炙人口的相声《钓鱼》。众所周知，《钓鱼》是相声名家高英培、范振钰的代表作，但恐怕鲜有人知，这段相声的原创作者是马三立。20 世纪 50 年代初，马三立在天津人民广播电台的广播曲艺团工作时，一次听到电台老编导陈洪凯先生讲述的一段邻居钓不上鱼就买鱼回来充数的生活琐事，觉得这个题材挺有意思，可以从中挖掘出人物形象来，回去便创编了这段相声。时至今日，电台仍存有他和张庆森首演相声《钓鱼》的录音资料。仔细听他的版本，跟后来高英培先生二度改编的版本有所不同。高先生的风格火爆，张力十足："二他妈妈，快拿大木盆来呀！我可赶上这拨儿了！"马老的版本则是沿袭马氏相声一贯的表演风格，那就是贴近人物，善于描摹市井小人物，刻画活灵活现，入木三分，仿佛段子中的人和事就在我们身边。

更难能可贵的是，马三立从来没有门户之见，他不认同"马派相声"的说法，他认为相声不分门派，不赞成艺术拘泥于门槛界限，他总说"艺术是无界的"。马三立一生创作了很多的新段子，但是从不具名，不介意别人把他的段子拿去表演，比如高英培、范振钰当年因表演《钓鱼》而名声大振，马三立非常高兴地说："英培改编得好，他说这段比我强。"在他的心里，只要这些相声能够得以流传，比什么都强。用他的话讲："大家都好，相声才会更好。"

一片丹心向阳开

有很多相声演员怵头到天津演出，究其根本原因，天津观众见多识广，他们的欣赏水平颇高，喜欢有深度的作品胜于纯娱乐的节目，喜欢从中咂摸出滋味来，在会心一笑之余，还能产生回味和共鸣。天津观众对相声的理解甚至超过了一些专业相声演员，质量不高的相声节目，天津观众不买账。与此同时，对于好的演员，天津观众从来不吝惜掌声，他们是真"捧角儿"。在马三立的观众中，就不乏这样的高水平观众。很多与马三立年龄相仿的老观众，甚至从年轻时就开始听相声，他们的听龄往往与马三立的艺龄不相上下。在马三立心里，他们不仅仅是自己的"衣食父母"，更是良师益友，所以经常向他们虚心请教，尤其是每次上演新段子，首演之后更是愿意听取他们的意见，从而不断优化自己的作品，最终把精益求精的节目奉献给观众。正是在这样的良性循环中，马三立的相声精品频出，他和观众的感情也与日俱增。很多老观众在他心里的位置甚至高于自己的家人。

我们听马三立的相声录音时，经常能听到他说这样的话："今天观众来的不少，赵六爷来了吗？丛四爷来了，李二爷没来，病了……"从马三立能够道出台下观众姓氏的这一细节，足以见得他与台下观众关系之密切。这些观众对马三立的感情，与其说是对一个艺术家的崇拜，不如说是对友人的关心与爱护。晚年马三立有时甚至不和子女一起过生日，而是和老观众一起庆生，同龄老友相聚甚欢。

马三立刚刚重返舞台后的一段时间，每天散场回家时，总觉得有人在背后默默地跟着自己穿过大街小巷，直到他到家，那人才悄然离去。这让马三立心中一阵嘀咕，心想要是被坏人跟了梢儿可如何是好。有一天，到了家门口，马三立壮了壮胆把对方喊住，走近了才发现是一个体形魁梧的小伙子，看起来面相憨厚，不像是坏人。马三立好奇这人为什么一直跟踪他。开始小伙子支支吾吾，后来经过马三立再三追问，他才说出了真相。小伙子是香皂厂一名普通工人，名叫殷洪友，时年三十来岁，他是马三立的忠实听众，每天都去听他的相声，见他这么瘦，又刚刚落实政策，担心路上有坏人欺负他，所以默默地护送马三立回家，见他到了家，进了门，才放心离开。马三立听罢心中顿生一股暖意——观众的呵护与善良温暖了他的心。

有一位老观众叫姜大爷，比马三立年长十余岁，从20世纪30年代就开始听马三立的相声，只要天津有马三立的演出，他每次必到现场，几十年来从不间断，可以说是捧了马三立一辈子的老观众，按现在的话说是马三立的忠实铁粉。20世纪80年代初，马三立已近古稀之年，姜大爷更是快八十岁的老人了，身体状况不太好，而且他的家也搬迁至距离市中心较远的近郊区，但他仍然坚持去看马三立的演出。当时的演出基本都在市中心的剧场，马三立的节目又都是攒底演出，等散场时，已是深夜，公交车早就停运了。姜大爷就让孙子推自行车带自己去剧场，每次回到家时已经是次日凌晨了。有一次演出正值冬天，路面有积雪，很是难走，可是姜大爷还是坚持让孙子推着自己来到了剧场。马三立在台上，已经看见了台下就座的姜大爷。待演出结束，马三立立刻跑到台下，拉着姜大爷的手，感动地说："天气这么冷，您老身体又不大好，怎么还来看我啊，您都看了我一辈子的演出了，还有哪段您没听过啊。"姜大爷颤颤巍巍地说："三立啊，你说哪段我都爱听，你只要还演出，我就一定来，你记着，什么时候你在台上看不见我了，我就是不在人世了。"马三立听了，眼泪一直在眼眶里打转儿。

有一次，马三立走在路上，听到有人大声喊他名字："马三立！"他回头一看，是一个中学生模样的孩子，比自己的孙子还要年轻。马三立非但没有因对方不礼貌而生气，反而微笑地和小孩打招呼，还问他在哪个学校上学，几年级了。曾经有朋友不理解，问马三立，被这么年轻的小观众直呼姓名，不因为没有被尊重而生气，反而还和人家聊起天，您这是怎么想的呢？马三立回答说："马路上来来往往那么多人，人家能认出我来，说明听过我的相声，不论年龄大小都是我的观众。名字本来就是被人叫的。他一喊，我一应，我笑了，他也挺高兴，这不是挺好吗？"

马三立之所以能在不同阶层、职业、年龄

以及人生经历的人们中间有着那么大的影响力，观众几十年与他风雨相随、不离不弃，不仅是因为他的艺术魅力，更因为他心里始终装着观众，坚持艺术创作贴近生活，服务于人民群众。

自1955年第一次向党组织递交入党申请书以来，马三立始终以一名党员的标准严格要求自己。虽然在后来的特殊历史时期，他莫须有地受到牵连，直至1978年年底，他才被恢复名誉，但是这二十余年里，面对人生中的坎坷，他始终以平和的心态，认认真真、任劳任怨。他从未放弃过自己的相声专业，他总说："我是一名文艺工作者，文艺工作者得有信仰，要永远相信党、相信人民，我不能放弃我的专业，将来只要有需要，我随时用相声为人民服务。"

20世纪80年代初，已过花甲之年的马三立，沐浴着改革的春风，人反而显得更加年轻了，他迎来了自己人生和事业的第二个春天。相比以前，他更忙碌了，除了完成业务演出，还参加很多社会活动，到各地各单位去慰问；在大中小学校出任校外辅导员，给学生们讲课；搞新相声创作，参加艺术座谈会、研讨会；他担任了人大代表、

20 世纪 80 年代末，马三立到农贸市场体验生活

20 世纪 80 年代，马三立慰问昆明路小学教师

政协委员，参加各种会议，认真履职，为社会主义文艺事业的发展建设建言献策。

1983年，有一次市政协会议期间，时任市委统战部部长周茹同志亲切地与马三立谈话，周部长十分关心地问他为什么不入党，马三立回答说："我太想入党了，这是我的理想，可是我总觉得自己还不够格，1955年时曾鼓足勇气写过一份入党申请书，但是后来我'犯错误'了，这件事也就搁浅了。现在，日子过得很好，我很满足。但是入党对我来说，仍是可望而不可即的，我距离党员的标准还差得太远，不瞒您说，有时我在想，如果将来等我死了，组织上能追认我为共产党员，我就瞑目了……"周部长听完马三立的话，觉得很意外，但很快就理解了，他语重心长地对马三立说："老马同志，听我一句劝，在生活上知足是对的，但在政治上可不能知足，人民还需要你发挥更多的光和热呢！"一番话说得马三立感动不已。就是因为这次得到了周部长的鼓励，回去之后，他再一次向党组织递交了自己的入党申请书。

1984年3月9日，一场为天津市青少年活动中心筹集资金的义演在天津第一工人文化宫举行。近两千名观众来到文化宫，台下座无虚席，气氛相当热烈。当马三立与王凤山登场时，掌声雷动，经久不息。古稀之年的马三立，以自己的精湛艺术和极大热情赢得了观众的热烈掌声，剧场内欢声笑语不断，演出一直持续到晚上十一点多。散场后，马三立立即马不停蹄地赶往天和医院。因为就在两天前，他的老伴甄惠敏因心脏病病情迅速恶化而入院治疗，此刻正处于弥留之际。

演出当日上午，老伴甄惠敏已开始输氧，一夜未眠守护着的马三立看到躺在病床上的甄惠敏，脸色很憔悴。勤劳、朴实、善良的妻子，跟着自己生活了近半个世纪。这一路走来，挨饿受穷，担惊受怕，辛苦操劳，她从来不叫苦。在自己最艰难的岁月里，是这个女人，赡养老人，照顾自己，还养育了八个子女。如今，苦尽甘来，好日子才刚刚开始，她却病倒了，她是积劳成疾啊。严重的心脏病慢慢吞噬着她的生命。从去年开始，她就知道自己的病情愈发严重，却仍然强忍着病痛不说，继续坚守在家庭岗位上，不让忙于工作的丈夫和孩子们分心，以致上个月在做家务时晕倒，撞青了脸，摔破了头。

马三立坐在病床旁，为妻子按摩手臂。儿子马志明端着汤药进来，让一宿没合眼的父亲回家补个觉，他来照顾母亲。马三立说："我没事，一会儿给你妈擦擦身子，我就先回去，晚上第一文化宫还有演出。"甄惠敏一边忍着咳嗽，一边用微弱的声音让他赶紧回家洗洗澡换件衣裳，下午好好睡一觉。马三立说："可我这心里总觉得不踏实，老惦记着你。"甄惠敏喘着粗气说："我没事儿，没事儿啊，放心，快回去吧。"

1981年，马三立与夫人甄惠敏合影

马志明把父亲拉到一边，压低声音说："爸，您看我妈这病，这次病得可够凶险的，依我说您就把晚上的演出推掉吧，谁都能理解。"马三立面露难色，说："这……晚上是给青少年活动中心募集资金的义演，我早就答应了，推了不合适。"老伴儿甄惠敏善解人意，赶忙说："志明，让你爸去吧，我这儿不要紧的。"马志明说："我爸的脾气我还不知道吗？别说是义演了，只要是组织上安排的演出，就是天上下刀子他也会顶着锅盖去。得，您快回去吧，您要是实在不放心我妈，等演出结束了您再过来。"马三立点了点头，站起身来说："那好，我先回去，晚上下了场我再过来。"甄惠敏忙摆摆手说："要是太晚了你就别赶了，明天再过来。哦，对了，你多穿件衣裳，夜里凉。"马三立边答应着，边往外走，临出病房门时，回过头来，又关切地看了一眼病床上的老伴儿，挥了挥手便离开医院。谁能想到，这回眸一望，竟成了老两口儿的人生诀别。

半夜一点左右，顺利完成义演任务的马三立终于赶到了医院，当他进到病房时，只见儿女们已哭成一团，儿子马志明抹着止不住的眼泪说："爸，我妈没了。"顿时，马三立整个人像被闪电击中一样，怔怔地站在原地，两行热泪扑簌簌地淌下来……

老伴儿甄惠敏病故了，在她生命垂危的时候，马三立没能守候在身边，没有见到老伴儿最后一眼，终成遗憾。办完了后事，马三立把她的遗像高挂在自己卧室的床头。那是用一张旧黑白照片放大的，照片中的甄惠敏还是中年的模样，短头发，圆润的脸庞上带着和善、慈祥的笑容。马三立垂暮之年时曾对子女说过："我这辈子唯一对不起的人就是你妈妈，她跟着我受的罪太多了，没享过福。"

作为一名从旧社会走过来的相声艺人，马三立从懵懂逐渐成长为一名用笑声回馈社会、用艺术服务人民的新社会文艺工作者。他舍小家、顾大家，一路走过的艺术道路和心路历程，是对党忠诚、坚定信念、勇攀艺术高峰的真实缩影，他的精神境界也逐步得到了升华。

1985 年 5 月 16 日，七十一岁的马三立光荣地加入了中国共产党，实现了他三十年来的夙愿，他的执着源自信仰的力量和不变的初心。他曾说过，自己有两个生日：一个是从娘胎呱呱落地的日子，一个就是入党的日子。后者使他在七旬高龄又获得了新的生命。

新的生命赋予他新的使命。从那时开始，他更忙了，但他从不参加商业活动，不争名、不逐利，但凡是社会活动的邀请，他都积极参加，不辞劳苦。他经常出席市、区、街道和文艺界的各种会议；到工厂、农场、国有企事业单位慰问演出；去大学开展相声语言艺术讲座；给医院的医护人员们讲医德与艺德的关系；为老年大学讲养生，谈情绪与健康的重要性；还曾多次被劳改局请去给犯人们讲课。在劳教所讲课时，他留下了两句名言："你们一定要记住，这个地方，你们不可不来，不可再来！"这句话成了不少劳改、劳教人员鞭策自己振作精神、改过自新的座右铭。

只要是社会公益活动，他都踊跃参加。有时，公安局需要一些社会名人去宣传和维持治安，每每找到马三立时，他都欣然应允。他到大马路上维持交通秩序，后来因为他往马路中央这么一站，围观的群众太多了，反而造成交通堵塞，影响了交通秩序，民警哭笑不得，只好对他说："马老，谢谢您！不过，您下次别来了……"马三立还是居委会的治保委员，他佩戴着印有"值勤"二字的红袖标，神采奕奕，每个月两次按时参加街道组织的对居民楼周围的治安巡逻任务。他一向严肃认真、尽职尽责，可是后来他略显遗憾地表示："参加了那么多次巡逻，可我一次都没逮着过流氓小偷……"居委会主任闻言不禁笑了起来，说："马老，小偷如果看见您执勤，也不敢偷东西了，因为他

20世纪80年代末，马三立在社区治安巡逻

怕被您写进段子里去，也成'逗你玩'了。"

1986年，马三立被评为天津市优秀共产党员，应邀到各机关、工厂、学校介绍事迹，市委组织部、宣传部和广播电台联合录制了磁带向基层推荐。他讲的内容都是自己漫长的人生经历和体验，句句发自肺腑，流露真情，时而令人垂泪，时而引人发笑……他演讲的题目是《做让党放心、观众欢迎的人》。

"我值吗？"

2001年12月8日，马三立从艺80周年暨告别舞台的大型演出在天津市人民体育馆举行。这场演出在曲艺界可谓盛况空前，无论是观众还是演员，都怀着无比激动的心情来参加这样一场曲坛盛会。晚会的主持人由倪萍、赵忠祥担纲。演员阵容里，除了马志明作为家属代表与搭档黄族民合说相声外，还有曲艺名家马季、姜昆、苏文茂、冯巩、牛群、刘伟、黄宏等前来道贺，歌唱家马玉涛、李光羲、郭颂也纷纷登台献艺，为马老送上一份份祝福。马季更是为马三立献上了一幅由他亲笔书写的墨宝"前无古人，后无来者"，对马老的艺术、人品以及为相声事业所做出的卓越贡献给予了高度赞誉。马季站在台上由衷地表达："马三立就是相声，相声就是马三立。"最后，他还对马老真情告白："马三立，我爱你！"说罢激动地将马老紧紧拥入怀中。马三立不仅拥有高超的艺术造诣，更因其将一生全部奉献给了中国的相声事业，无论身处何种境遇，从未放弃过对相声的执着追求，让同行深深为之折服。

就像马三立最得意的作品《十点钟开始》的名字一样，这场告别演出的重头戏就在当晚将近十点钟的时候开始了。当主持人宣布，有请本场晚会的"主角儿"马老出场的时候，

2001 年 12 月 8 日，在马三立告别舞台演出现场，马季献书法作品

体育馆内欢声雷动，人们发自内心地欢呼，掌声与喝彩声此起彼伏。八十八岁高龄的马三立一如既往身着中山装亮相，虽然身患重病，但是站在舞台中央聚光灯下的他，依然精神矍铄、风度翩翩。"我是马三立。"马老的第一句话就引来了观众又一次热烈的掌声。接着马老说，举办这么隆重的活动使他受宠若惊，有些小题大做了。身为"相声泰斗"的马三立，仍然保持着谦虚低调、不骄不躁的优良作风。紧接着，他面对场内近五千名观众，做了一件惊世骇俗的事，他略显腼腆地向全场观众问了一句："我值吗？"面对这个突如其来的问题，现场所有人都没有想到，瞬间全场竟安静了下来，而仅仅过了一秒钟，所有人便异口同声地回答："值！"虽

然得到的答复只有一个字，却包含了万语千言，这个字的分量不言而喻，一声"值"响彻场馆。这绝非粉丝追星般的呐喊，而是饱含深情的肯定。在问出这个问题时，马三立的内心是有些惶恐的，因为这样的问题，是任何一个演员都不敢当面询问观众的，万一在场有一个人给出否定答案，那么一世英名只怕要付诸东流。为什么马三立在这样一场重要的演出中，敢冒如此大的风险，问出这样一句话呢？因为他知道，他们爱他，就像他爱他们一样。马三立倾注了八十年的心血，为观众带来了无尽的欢笑，他这一生的奋斗、探索、挣扎、坚持，所有的悲欢荣辱，其实只是为了这一声"值"。在人生中最后一次登上他敬畏的舞台，最后一次与他挚爱的观众见面，最后一次现场为大家带来笑声的时候，他鼓足勇气问出了这个藏在心里一辈子的话，就是为了能亲耳听到观众对他的那一句评价。如果不是因为这场是告别舞台演出，也许他永远都不会问出口。而这一问也换来了观众发自肺腑的回答"值"！在得到这个答案之后，马三立知足了，在他的心里，自己一辈子的付出，值了！

现场有观众要求马老再说一遍《买猴》，马老自嘲说："《买猴》啊，《买猴》说不动啦，没那么大气力了，我现在已经变成老猴儿了。"在说到胖瘦问题时，马老调侃自己的体重从来没有超过100斤，他指着赵忠祥说："我比不了他，他胖，他那袜子能给我改个背心穿。"马老在提到几位到场的歌唱家时，诙谐地说："倪萍叫我唱一段，我这嗓子怎么比得上李光羲呢，李光羲那是金钟儿嗓子。他为什么有这么好的嗓子呢，他平时很注意保护嗓子，不抽烟、不喝酒，干的东西他不吃，怕扎嗓子，他光喝粥，李光羲嘛，光喝稀的。""还有郭颂，我们认识好几年了，我喜欢听他的歌，他也喜欢我的相声，他不忌口，葱、姜、蒜什么都吃，山东的火烧也吃，不噎嗓子。我一想，对呀，他叫郭颂啊，不管什么吃的，端起锅来往嘴里一送。"马老一句一个包袱："台上摆了那么多鲜花，多香啊，鲜花行，纸花咱可不要，那是花圈。"在谈到告别舞台时，马老打趣道："我为什么要告别舞台——让贤。让中青年演员们有更多的机会。我呢，靠边儿站，一边儿玩去。"很难想象，一位八十八岁的老人，拖着病体，在舞台上一站就是四十来分钟，而且妙语连珠，与每一位嘉宾谈笑风生，他用一个又一个"现挂"逗得观众前仰后合。马老的幽默彻底征服了到场观众。节目的最后，马老表演了一段京剧数板，字字真切，有板有眼，讲的是提倡孝道，以幽默的方式嘲讽不孝顺的人"嘴唇发干"，让人们不禁对这位耄耋之年的老艺术家肃然起敬。

现场表演这段数板的时候，还发生了一个小插曲。在演出前，马志明得知今天父亲要说一段数板《劝人方》，便在后台善意提醒父亲，这段数板的第一句"人生在世命凭天"，颇有些宿命论的意味，不好，建议改为"人生在世心不要偏"，既不影响整段唱词的辙韵，而且含义更积极向上。马老欣然点了点头，表示认可。然而，登上舞台的马三立，用了将近四十分钟和主持人、嘉宾对话与交流，无论体力还是脑力，都消耗殆尽。最后表演数板时，马老已经非常疲倦了，当"鼓佬"打完前奏的鼓点之后，马三立开始演唱，头一句仍然习惯性地要唱出"人生在世命凭天"，"命凭天"三个字已经到了嘴边，即将脱口而出时，他突然意识到了不对，刚才上场之前儿子不是建议改变这句唱词吗？可是怎么才能避免这个"舞台事故"呢？这就是马老的过人之处，毕竟八十年的舞台经验已然练就了他超乎寻常的应变能力，简直太敏锐了。他立刻停了下来，转过头对"鼓佬"说："对对，我跟着您这板走，您要是逮不着我，您就走您的，咱是'庙上不见，顶上见'。"几句话逗得观众哈哈大笑，没有人看得出来，马老是因为上场前临时改词而出现了"舞台事故"，如此高明的处理方式，不仅没有造成失误，反而"现挂"出来一个新的包袱。

最后，全场演出在所有观众和演员们"祝马老健康长寿"的祝福声中落下帷幕，马老在众人的搀扶下，缓缓走下舞台，整个体育馆内潮涌般的掌声经久不息，观众再次以掌声向这位耕耘艺坛八十余载的人民艺术家致敬，马三立也不停地向观众挥手致意，依依惜别了他一生钟爱的观众。观众席不时传来"马老，您一定保重身体！""马老，长命百岁！""马老，我们爱您！"一声声的祝福与问候，饱含着人民对马三立的深厚感情。如今，此情此景虽已过去了二十余年，但是

马三立在告别舞台大型演出现场

大师的风采还深深地镌刻在每一位喜爱他的观众的心里。

其实，在举办这场告别演出前，当主办方提出"告别演出"这样一个想法时，马三立当即就否决了，因为他本不愿意告别舞台，非常忌讳"告别"这个词。尽管当时他的健康状况已不允许他再登台了，但是他舍不得舞台，更舍不得观众。主办方会意了马老的心思，提出这场晚会的首要主题是纪念马老从艺八十周年，而告别舞台则被放在了后缀上。患病数载，马三立确实太想念他的观众了，所以在各方的极力劝说下，最终马三立同意了这个方案。后来，在这场演出中以及演出后接受媒体采访时，他多次表示："告别舞台不等于告别相声，我虽然今后上不了台了，但还要继续研究相声，发挥余热……"他用这样的话来给自己宽心。观众是他最大的精神支柱，相声是他毕生的追求。他努力一生，只愿把欢笑留给人间。

05

余韵悠长

永远的"逗你玩"

永远的"逗你玩"

提到马三立,可能很多人首先会联想起那句经典台词:"妈妈,他拿咱褂子!谁呀?逗你玩!"《逗你玩》是马三立晚年表演的一个相声小段,在诸多马氏相声作品中,这段相声虽然分量不重,但是其传播范围最广。

《逗你玩》这个小段源自民间笑话,其内容在民国时期的《滑稽菁华》中有所记载,原文是:

某甲乃一骗子也,一日,路过某姓门首,见一小儿独自游戏,年约七八岁,颈项上悬一金锁片。某甲垂涎之,见无人在侧,遂与儿戏。

小儿问曰:"你是何人?"甲曰:"我骗骗侬也,明日我来买糖果你吃。"儿闻之大喜,甲趁机将小儿金锁片攫去。

儿惊而啼,其母闻声问曰:"儿何哭?"

儿哭曰:"金锁片被人攫去。"

母惊曰："是何人？"

曰："骗骗侬，骗骗侬。"

其母误为说谎，置之不理。继而，小儿返身入内，其母见其金锁片果被人攫去，大怒，笞儿。

其时，适邻妇至，问其母何事，其母据实以告。

邻妇笑曰："此非小儿之骗骗侬，乃骗骗侬之骗骗侬也。何责儿为？"

"某甲"自称的"骗骗侬"，为上海方言，意思是"骗骗你"。这与相声中小偷自称"逗你玩"如出一辙，都是利用文字歧义产生笑料。

相声《逗你玩》取材于民间笑话，并对其加以改编，讲的是：一位家庭主妇嘱咐她年幼的儿子看守晾晒在家门口的衣服。一个十分精明的小偷化名为"逗你玩"，在将自己的化名牢牢告知孩子之后，便大模大样地一件件偷走了绳子上的衣服。于是，每被他偷走一件衣服，孩子都大声地禀告母亲，而每当母亲问及是谁拿走时，天真的孩子便忠实地回答"逗你玩"。母亲因此误以为是母子之间的嬉戏。待到衣服全被偷光了，母亲才发现事情的真相。

看似简单的一个小段，却生动地展现出一幅老天津卫的世俗风情画。已故著名曲艺理论家、南开大学教授薛宝琨先生非常喜爱这个小段，并对其进行了文化意蕴上的开掘，他曾评论说："相声《逗你玩》的幽默意蕴在于：既是逗你玩又何必认真？几件衣服何足挂齿？何苦自陷泥淖不能自拔？人生在世是否也可对一切悲欢离合、成住坏灭，持开放态度作'逗你玩'如是观？这不仅是世俗生活调整人际关系的现实需要，更是人生在世观照生命哲理的必须。本来么，无论谁来到这个世界都将面死而生，是哭哭啼啼还是乐乐呵呵走完过程，的确需要感情和理性的恒久参悟，从呱呱坠地原生的眼泪，到岁岁渐悟一笑了之的要义，不仅是人们成熟的表现，更是世界观的拓展或升华。"幽默的包袱背后渗透出人生哲理,它告诉我们,在顺境中不骄不躁,在逆境中安之若素,始终以乐观积极的态度面对人生。"逗你玩"的内涵也早已超越了相声本义，已经成了天津人一种特有的性格代码和文化符号。在天津人乃至全国相声观众心中，"逗你玩"更像是对马三立的一种肯定、一种褒奖、一种怀念。而"逗你玩"更成了一种马氏相声的文化精神，这种精神流溢在诸多的马氏相声代表作品之中。

马三立的作品有着浓郁的天津味儿，天津观众也十分乐于欣赏富含天津元素的段子，它能够激起生活共鸣的同时，更蕴含着深深的家乡情怀。众所周知，天津是相声的一片沃土，天津人的幽默性格深深滋养着这门艺术，与此同时，也影响着马三立的艺术修为。马三立喜欢在自己的作品中反映天津人的生活，正因如此，尽管马三立已经离开我们近二十年，但他的音容笑貌以及相声段子却从不曾被人们淡忘。

马氏相声几代人从来不矫揉造作地标榜自己是高雅艺术，也从未在舞台上趾高气扬地说过："作为一名相声演员可不简单。"他始终把自己定位为普通演员，时刻感恩观众的呵护与抬爱，真心实意地用自己的相声艺术为观众服务。这种思想直接决定了马氏相声从来不高高在上地板起面孔对观众说教，而是深入生活、扎根群众，说着老百姓自己的喜怒哀乐。马氏相声传承者始终身处大众之中，和老百姓同呼吸共命运，他们创作、表演的相声，都是为了给天津父老乡亲们开心解闷儿，从而自己也能够养家糊口。马氏相声几代人与天津父老建立了割舍不断的深厚情谊。正是天津这方"大俗大雅"的水土养育了马氏相声，使其得以生根、发芽，最终在群芳争艳的中国曲艺园地中，成为独树一帜、历久弥新、一株长开不败的艺术之花。

马氏相声大多讲的是老百姓身边的俗人、俗事，生活中的趣闻俗事被马氏相声尽收其中，其以"接地气"著称于世，真正诠释了相声"大俗大雅"的艺术特点。马氏相声将"俗"与"雅"结合得如此天衣无缝，相得益彰，既有"之乎者也"抑扬顿挫地吟诵《滕王阁序》《窝窝赋》等骈体文的大雅，也有在《相面》里面抠完捧哏的鼻子往对方嘴里送，美其名

1993 年，马三立与孙子马六甲在演出后台合影

2000 年，马三立、马志明、马六甲祖孙三代合影

曰"尝尝咸不咸"的真俗。马氏相声塑造的众多人物都生活在俗世当中，说着俗话，办着俗事，但在这些俗不可耐的小市民"俗人"背后，却蕴含着生活的潜流，凝聚着时代的沧桑，具有历史的厚重感，而这就是真正的"大俗大雅"。正是天津特有的文化滋养塑造了马氏相声大俗大雅的艺术风格，而马氏相声也反映着天津卫的人文市井风俗，这也就难怪天津的父老乡亲们对马氏相声情有独钟了。马氏相声的"俗"，正如郭沫若先生诗云："俗到家时自入神。"

马氏相声段子的很多情节，大家都耳熟能详，如：小虎看晾晒衣服时偶遇《逗你玩》，张二伯逞能《练气功》，穷人过年赊面《吃饺子》，蒙世行街边《算卦》，邻居间玩笑《相面》，《局长查卫生》被蝇扰，《美容医院》的医疗事故，《八十一层楼》功亏一篑，电影院里老头儿《找糖块》，街坊二哥好心办错事《送人上火车》，一心要吃大户的胖子《追》瘦子，老头儿与小伙儿《打赌》咬耳朵，好心《请客得罪人》，《入学考试》暴露小贩奸商手段，《贴膏药》弄巧成拙，《吃蒜》后观影奇遇，《家传秘方》立竿见影，公共场所《病从口入》，街头闹剧引起《纠纷》，颠倒错位的《雇三轮》，未能成功的《扔狗》，老太太到市场《买面》，不遵守交通法规《自食其果》，邪不压正的《卖猫》，吃面错用了《狗碗》，贪便宜路边《拔牙》，综合商店买《核桃酥》，不曾露面的《车中人》，妻子劝丈夫《戒烟》，曲艺团团长《派兵遣将》，医院里老太太《试表》等。这些生活俗事未必都真实发生在天津，但经过马氏相声的改编，别有一番"津味儿"在其中。

基于对市井生活深入细致的了解，马氏相声为我们塑造了一个又一个鲜活的人物形象。如：《开粥厂》中随处放虱子的"马善人"，《文章会》中夸耀自己文章的"马山芋"，《卖挂票》中吹嘘自己子虚乌有的声誉排场的"马喜藻"，《黄鹤楼》中不懂装懂的"马嚼官"，《大会见闻》中令人生厌的"总务科长"，《老热写信》中自以为是的"仇大爷"，《老头醉酒》中不负责任的"医生"，《似曾相识的人》中的"曲艺团长"，浑浑噩噩的《马虎人》，《买猴》中的"马大哈"，官僚主义作风的《开会迷》，不《讲卫生》的"郭大爷"，《迎春曲》中的"歌唱家"，《算卦》中招摇撞骗的"宫大个儿"，《赠票》中的色迷老头儿，《大保镖》中的"白糖的"和"馅儿的"，《报菜名》中一直想骗车钱的"小市民甲"，《纠纷》里面思想空虚、文化素质不高、是非观念淡薄的"丁文元""王德成"，《犹豫症》中始终犹豫不定的"厂办主任"，《看热闹》中的看客老头，《夜来麻将声》中利用职权为非作歹的"麻科长"，《看不惯》中不能用正确眼光看待新生事物的两位"看不惯先生"，《学跳舞》中的"舞蹈家"，《五味俱全》中脖子赛车轴头如乒乓球的"五味大侠"

等，他们共同组成了马氏相声的人物画廊。这些人物中很少有王公贵胄，大都是我们身边那些随处可见的、似曾相识的"熟人"和"俗人"。即便是被历代帝王奉若神明的"大成至圣先师"孔子，在马氏相声《吃元宵》中也被拉下神坛，调侃为一个篡改元宵价目表，末了仍不失可爱不打自招地大喊"这是读书人笔下留情，否则十字头上添一撇，一文钱吃你一千个"的落魄文人。这些人物都给观众留下了深刻的印象，至今家喻户晓，为人们津津乐道。这得益于马氏相声始终关注世俗生活，关注身边形形色色的人。其对天津风土人情的体察细腻精到，从而刻画出一个个栩栩如生的人物形象，为观众展现出一幅幅生动的世俗画卷。

马三立的表演风格并非一成不变，而是根据不同时代的观众需求，不断调整自己，做到与时俱进。这也是他的观众年龄层跨越几代人的原因。

新中国成立前，人们听相声纯粹是为了娱乐，追求的是最简单畅快的笑，因为多数观众的文化水平不高，且思想意识还或多或少受封建思想的影响。所以那一时期，马三立的相声在内容上以传统相声为主，他对求变的应对是在内容细节上、表演技巧上的革新，让观众在传统段子中听出新的味道。这一阶段，马三立表演的节目主要有《开粥厂》《文章会》《夸住宅》《白事会》《三字经》《吃元宵》《八扇屏》

等传统段子。

新中国成立后，社会发生了翻天覆地的变化，新的社会形势、新的思想意识、新的社会角色，都让马三立感到前所未有的兴奋。社会风清气正，人民思想进步，马三立迸发出前所未有的创作激情和灵感，创作改编并表演了大量新相声，多以歌颂新社会、讽刺新形势下某些不良社会现象为内容，诸如《买猴》《十点钟开始》《开会迷》《错中错》《孕妇调查表》《公费医疗》《学外语》《两个工程师》《盗运粮食的人》《精打细算》等。

改革开放以后，人们的思想逐步开放，对于物质生活和精神文化生活的追求越来越高。马三立根据这时观众的需求，再一次改变他的相声题材，创作表演了如《练气功》《似曾相识的人》《家传秘方》《讲卫生》《情绪与健康》等。当市场上出现不良小商贩以次充好、掺杂使假的情况，马三立在段子中又加入了讽刺这种行为的"包袱"，例如"自由市场卖死鸡，倒腾假香油，土豆糊上泥当松花卖"。时代感强、时效性强，这种变化即使现在看来，仍然不过时。

20 世纪 90 年代初，晚年的马三立痛失人生中最后一位搭档王凤山，本该颐养天年的他，却仍不舍得离开舞台，便开始说单口相声，以致很多年轻观众误以为马三立原本就是一位单口相声演员，甚至还有国外媒体把马三立定位为中国

20 世纪 90 年代初，马三立的照片

第一代脱口秀演员，可见他晚年的单口相声传播之广、影响之大。马三立创编并表演的脍炙人口的段子不胜枚举，如《逗你玩》《八十一层楼》《追》《偏方》《美容医院》《法语的误会》《汽车喇叭声》《老头醉酒》《马虎人》等。

　　他晚年的作品，内容上更加贴近市民生活，由过去关注大主题、大事件，转而着眼于生活琐事。他的单口相声几乎都是以生活中俯拾皆是的小事为切入点，这种变化有效地拉近了表演者与观众之间的距离，看似是漫不经心、近乎聊天式的相声小段，实则都是精心设计的，架构分明、条理清晰严谨。马三立的表演风格外松内紧，技巧娴熟，段子中看不见任何炫技的展示，可以说毫无表演痕迹。他带着观众自然而然地进入早已设计好的故事情节中，宛如听邻居老大爷絮絮叨叨地拉家常，让观众感觉格外亲切舒服，不经意间抖出

153

来的包袱，更令观众猝不及防，引人发笑且耐人回味。

典型的例子譬如马三立的单口相声《吃饺子》，在他七十九岁那年的演出版本中，段子时长16分54秒，而垫话部分长达8分40秒。马三立先祝福观众长寿，再谈论起长寿，由长寿话题谈到饮食，从饮食说到饺子，由"子孙饺子"说到过年的素饺子，再到正月初五的"破五饺子"，其间饺子多次出现，潜移默化让观众对饺子产生兴趣。因为垫话的内容丰富，涉及了很多的民俗知识，又夹杂了几个小包袱，观众非但不觉得冗长，反而津津有味地跟着马三立的思路走，一步步被领着进入主题。综观马三立的垫话，看似闲庭信步般侃侃而谈，实则每一句都有着自己的深刻用意。由垫话过渡到正活，这在马三立的诸多段子里，都不是一个由此及彼的过程，甚至没有一个明显的分界点，这是一种炉火纯青的艺术境界。

晚年时期的马三立，就像金庸武侠小说《倚天屠龙记》中百岁创出太极拳的张三丰。天下武功唯快不破，他偏偏慢下来；别人都是先发制人，他偏偏要后发制人；别人以力量雄浑为傲，他却偏偏是借力打力，四两拨千斤。那些通常看似不合理的东西，放在马三立的段子中都显得那么的合理。只能说，相声对他而言已臻于化境，马三立与相声已融为一体，浑然天成。

相声素以讽刺见长，在马三立的相声中，讽喻劝勉的成分多，而讽刺攻讦的成分极少。他将日常生活中一些小市民阶层的思想局限性、劣根性加以萃取提纯，形成具有代表性的典型情节加以嘲讽，塑造典型人物，之后他又将主动权交给观众，自己不做总结性陈词，观众能透过他的作品看到不同人物的不同立面。这种开放性的处理方式，也是马氏相声的一大特色。他只负责妙手采撷，而品评是由观众来完成的，可以说是将观众作为创作的最后一个环节，引导观众来完成对人物的评价。而在品评相声中人物的过程中，又给了观众自查自省的时间与空间，"勿以恶小而为之，勿以善小而不为"，达到了文艺作品寓教于乐的功效。

马三立善良敦厚，往往不愿将矛头直接对准被讽刺对象，故而他多采用"自嘲"的表现手法，将这些缺点以及可笑的行为举止都集中到"自己"的身上，通过善意委婉的批评，使观众听后有所反思，达到改掉自己缺点的目的。他的相声宛如一面镜子，让观众在意趣盎然的同时照见自身或者周围的不足和缺陷。同时，他不认为相声要进行单刀直入式的责难和戒尺教鞭式的说教，他还是将相声的思想性和教育意义统一在艺术性和美学价值之中。他让人们在他的作品之中发现这些问题，但是绝不忍心让有问题的人尴尬。马氏相声在善意批评缺点的同时也肯定了人性本善的一面。如《送人上火车》中的"街坊二哥"，虽是帮了倒忙，但其主观是乐于助人的好意；《纠纷》中既批评了"丁文元""王德成"死要面子活受罪而引起了不必要纠纷，同时也肯定其知错就改、纯朴热情的一面。

天津观众对马氏相声情有独钟，对马三立、马志明父子更是喜爱有加。乐观的天津人无论面对什么样的困难，都不曾停下追求快乐的脚步，所以他们爱那些给他们带来快乐的人。马氏相声充满了这座城市的气息，作品中所着力表现的市民意识、乐观精神、讽而不刺的善良宽厚，都体现出这座城市市民阶层的共性，体现了最鲜明的天津精神。可以说，天津这座城市成就了马三立，而马三立也通过自己的相声作品影响着这座城市。

马三立先生一生遵循"立德、立功、立言"的"三立精神"，他身体力行，做到了为相声行当立德、为天津文化立功、为传统艺术立言。马三立八十年的相声生涯，就是文艺工作者以自身的艺术修养、艺术表现、舞台实践为载体传播正能量的一个缩影。马三立先生扎根于人民群众之中，不以名利为念，不以得失为虑，对艺术孜孜以求，对观众赤诚相待，在全国乃至整个华人世界都有着深远影响，成为天津这座城市特有的一个文化符号。

如今，古稀之年的马志明像父亲一样，远离名利喧嚣，在生活上知足，在艺术上知不足。他常说："学到知羞处，方知艺不高。"经过多年不懈的努力，他也成为马氏相声的旗帜性人物，成为深受行业内外推崇和喜爱的相声名家。为传播相声艺术，弘扬津味文化，这位马氏相声新一代的掌门人，此时依旧勤勤恳恳、脚步踏实地走在相声传承的道路上。

马三立的母校——天津万全道小学校园内的马三立雕像

HOW TO READ TIANJIN·GREAT TALENTS

后记

一座城市的文化名人、历史遗迹、自然风物，是城市生命的一部分。

天津拥有600多年的建城史，既有辉煌的历史，又有广阔的发展前景，是一座古老又年轻的城市。百年中国看天津，近代天津人才辈出、群星璀璨，对天津乃至中国影响深远。

"阅读天津·群星"汇集了十册天津历史上的前辈大师的传记——严复、梁启超、张伯苓、李叔同、周叔弢、杨石先、曹禺、陈省身、孙犁、马三立，他们在思想、教育、艺术、实业、科技、文学等不同领域，反映了天津城市精神的高度和深度。

当梁启超在饮冰室伏案疾书，笔毫轻柔，却策动轰轰烈烈的护国运动；当张伯苓在南开大学始业式上提出"爱国三问"，话语平实，却激荡全国学子自强图存的爱国情怀；当陈省身坐在轮椅上为本科生讲授微积分，满头银发，却思维敏锐地点拨着中国数学的未来人才；当马三立上台三两句话就引得众人捧腹大笑，轻声细语，却道出老百姓的喜怒哀乐和生活精髓……

　　"阅读天津"系列丛书的策划、创作、出版过程，凝结着众多关心热爱天津这座城市的人的心血。此前发布的"津渡"一辑以海河为切入点，让读者犹如乘舟顺水而下，遍览一部流动的城市史诗。"群星"一辑则是为十位大先生立传，也是为这座城市立传。他们在各自领域成就斐然，是天津精神的集中体现。讲述大先生的生活经历和思想轨迹，也是在讲述大先生之于当代人的意义——高山仰止，景行行止！

　　编辑出版"群星"的过程是我们对中华优秀传统文化进行通俗化阐释的一次尝试，旨在进一步突出天津这座城市鲜明独特的文化内涵，让更多的朋友再次发现天津的城市魅力，通过阅读天津，进一步认识天津、热爱天津。为了延续"津渡"一辑的热度，高质量出版"群星"小辑，我们约请了多位颇具创作实力的撰写者参与创作：赵白生、徐凤文、岳南、康蝈、于霄丹、韩石山、杨一丹、李扬、张国、张莉、马六甲。这些创作者中既有长期从事相关研究的学者，也有文采卓然的专业作家，还有传主的家属。各位作者从不同角度对十位大先生的人生经历进行了深入浅出的解读，通过对人物的挖掘，彰显了近现代天津独具风韵的人文精神。

最后，感谢中共天津市委宣传部为本书出版进行的谋划指导，帮助鼓励我们打造文化品牌，出版津版好书；感谢罗澍伟、谭汝为等专家学者为我们提供学术支持，修正内容细节；感谢"群星"的作者、设计师、摄影师以及每一位为本书出版付出努力的人。当然，最应该感谢的是我们的读者，正因有这些天津故事的阅读者、传播者，才有了天津文化的不竭源流。期待能够以书籍为桥梁，与广大读者一起领略"群星"闪耀的天津风采，共同见证这座古老而又年轻的城市在新的历史坐标上绽放光华。

"阅读天津"系列口袋书出版项目组

2023年11月